GISLENE ISQUIERDO

MAPA DA PERSUASÃO

SE EXPRESSE DE FORMA PODEROSA E INFLUENCIE PESSOAS

academia

Copyright © Gislene Isquierdo, 2023
Copyright © Editora Planeta do Brasil, 2023
Todos os direitos reservados.

Preparação: Valquíria Matiolli
Revisão: Wélida Muniz e Tamiris Sene
Projeto gráfico e diagramação: Maria Beatriz Rosa
Capa: Helena Hennemann | Foresti Design

Dados Internacionais de Catalogação na Publicação (CIP)
Angélica Ilacqua CRB-8/7057

Isquierdo, Gislene
   Mapa da persuasão: se expresse de forma poderosa e influencie pessoas / Gislene Isquierdo. – São Paulo: Planeta, 2023.
   224 p.: il.

   ISBN 978-85-422-2321-7

   1. Oratória 2. Comunicação 3. Persuasão I. Título

23-3893   CDD 808.51

Índice para catálogo sistemático:
1. Oratória

Ao escolher este livro, você está apoiando o manejo responsável das florestas do mundo

2023
Todos os direitos desta edição reservados à
EDITORA PLANETA DO BRASIL LTDA.
Rua Bela Cintra, 986, 4º andar – Consolação
São Paulo – SP – CEP 01415-002
www.planetadelivros.com.br
faleconosco@editoraplaneta.com.br

	Carta ao leitor	5
	Introdução	9
PARTE I.	DESTACANDO-SE E EXALANDO CONFIANÇA	19
PARTE II.	CONQUISTANDO A ATENÇÃO E GERANDO FASCÍNIO	73
PARTE III.	ENCANTAMENTO, MAGNETISMO E PERSUASÃO	121
PARTE IV.	DETALHES QUE FARÃO "A" DIFERENÇA PARA VOCÊ E PARA O MUNDO	195
	Músicas citadas nesta obra	222
	Saiba mais sobre a autora	223

Carta ao leitor

Não pule esta parte, o livro começa aqui.

Será que é possível uma pessoa tímida, insegura e com baixa autoestima se tornar uma pessoa comunicativa, carismática, persuasiva e influente? Pra começar, preciso te dizer que sim, é cem por cento possível! Eu preciso te contar que nem de longe eu sonhava que um dia seria escritora, palestrante, treinadora e mentora de comunicação e persuasão. E, se hoje eu estou aqui, é porque houve pessoas que influenciaram grandemente a minha vida. Por isso, decidi abrir este novo livro agradecendo a cada uma delas (em ordem cronológica dos marcos que tive). No entanto, antes de agradecer, convido você a, neste momento, também refletir sobre quais foram as pessoas que marcaram positivamente a sua trajetória e pelas quais você é grato.

— Gi, é para lembrar somente das que me marcaram positivamente?

— Sim, só essas. Se por acaso vierem à sua mente as que te marcaram negativamente, deixe-as de lado. Mais pra frente falaremos delas! Agora, foque apenas nas que te impactaram de modo positivo!

Vamos lá!

Gratidão...

Mãe e pai (que infelizmente já partiu), obrigada por me incentivarem a estudar e a buscar sempre me desenvolver, por me colocarem no caminho certo e passarem valores que moldaram meu caráter e minha vida.

Leocita, minha querida professora de educação artística da 5ª à 8ª série. Você me incentivou a vencer o medo de me apresentar em público. Me lembro até hoje do dia, lá em 1991, que, com as pernas tremendo, cantei "Bom dia" no teatro da escola, uma música do disco da Xuxa que, inclusive, tem uma letra linda.

Deus, obrigada por me mostrar, por meio dos grupos de oração Maranatha para adolescentes e Javé-Nessi grupo para jovens, um universo de amor e desenvolvimento contínuo. Participar dos grupos de oração despertou em mim o desejo gigante de ser canal de transformação na vida das pessoas. Foi lá que comecei a realmente falar em público através das pregações e, mais para a frente, a conduzir grupos como animadora.

Myrna Elisa Chagas Coelho Matos, uma das minhas professoras de psicologia da Universidade Estadual de Londrina (UEL), em 1999. Seu jeito de ministrar as aulas era diferente, você tinha empatia pela turma, você falava de uma forma acessível e cada aluna se sentia parte, se sentia cuidada e valorizada. Tinha algo de diferente na sua forma de conduzir as suas turmas. Obrigada!

Chad Hurley, Steve Chen e Jawed Karim, os fundadores do YouTube, segundo o Google. Sou grata a vocês pela criação desse site que me permitiu aprimorar a minha competência de falar em público no mundo digital. Me lembro do primeiro vídeo que gravei na vida, postado no dia 9 de maio de 2013 e que integra um vídeo meu postado em maio de 2023, que você poderá encontrar no QR Code ao lado.

Júnior Souza, meu esposo, Gabriel e Mariana Isquierdo, meus filhos, sou muito, mas muito grata a vocês. Sem vocês, nada disso faria sentido. Obrigada por todo o cuidado, força, amor, carinho, compreensão e apoio. Amo cada um de vocês infinitamente!

Mariáh, minha mentora que sempre esteve ao meu lado! Obrigada por me lembrar que devo ouvir minha intuição, por me lembrar que sou e nasci pra ser canal de luz e transformação, sempre agindo com amor e verdade.

E a você... eu não sei seu nome, mas sou grata a você! Afinal, se não fosse você, eu não estaria aqui escrevendo! Você é a razão de este livro existir!

Agora é a sua vez!
A quem você quer agradecer? Quais foram as pessoas que marcaram positivamente a sua jornada?

....
....
....
....
....
....

E sabe, de verdade, se não fossem essas pessoas, eu não sei se estaria aqui com você agora... Talvez eu estivesse sofrendo com o alto preço de uma comunicação ruim, talvez eu estivesse pagando o alto preço de quem não sabe se expressar para defender ideias e ideais, de quem não sabe levar uma mensagem e se posicionar.

Que preço é esse?
O preço de...

- perder oportunidades.
- ficar em segundo plano.
- se tornar irrelevante.

CARTA AO LEITOR

- ser esquecido.
- se sentir frustrado porque seu concorrente está sob os holofotes, e você, por sua vez, está ficando para trás.
- se tornar invisível. Aquele colega que repete a mesma ideia que a sua, mas, no caso dele, ela é aceita e quando você fala ninguém nem te ouve.
- ser ignorado.
- as pessoas ficarem no celular, ou entretidas em conversas paralelas, ou dormindo ou bocejando enquanto você fala.
- ser julgado por algo que disse.
- ser julgado por não se posicionar, por não falar.

E de muitas outras consequências desastrosas e negativas.

Mas eu acredito que nada nessa vida acontece por acaso! E, se agora você está aqui comigo, tem um porquê, e vamos juntos virar o jogo! Quero de verdade que, daqui para frente, você conte comigo para passar bem longe do cenário desastroso que citei anteriormente e se aproximar veloz e inteligentemente daquele em que você vai:

- ✓ arrasar na sua comunicação, tendo ou não um megatempo para se preparar, falando ou não para um público conhecido, seja ele pequeno ou grande;
- ✓ impactar positivamente ao expressar suas ideias e deixar a audiência doida, querendo mais;
- ✓ atrair e fazer negócios novos e melhores;
- ✓ ser mais reconhecido e valorizado!

Quero te dizer, do fundo do meu coração: conte comigo e vamos juntos!

Gislene Izquierdo

INTRODUÇÃO

Este livro é disruptivo.

UAU! Seja bem-vindo a este livro!

Aqui você não vai encontrar enrolação, este livro vai direto ao ponto para você realmente conseguir falar bem e influenciar pessoas, para você falar em público de forma magnética, impactante e UAU. Seja no um a um, para centenas ou milhares de pessoas, seja no presencial ou no mundo digital! E mais, preciso dizer que aqui você vai viver na pele o que tenho a compartilhar com você. Então, prepare-se!

Mas, antes, preciso dizer:

> PARABÉNS pela "DeCisão" de se desenvolver e aprimorar sua habilidade de comunicação e influência.

Aqui você encontrará mais do que técnicas de comunicação, oratória, influência e persuasão. Você terá, na prática, o método Efeito UAU, que é pautado pela psicologia e pela neurociência. Com ele, você saberá como levar sua mensagem, vender suas ideias, apresentar seus projetos, se apresentar diante de qualquer público de forma confiante, segura, estratégica, convincente, mas sempre autêntica e natural.

Ao ler e aplicar o método contido neste livro, você vai saber como falar bem e influenciar pessoas, esteja você falando para uma única ou milhares delas, seja presencialmente, olho no olho, ou on-line, diante de uma câmera.

Para que você alcance o RESULTADO que veio buscar com esta leitura, preciso trazer de uma vez três pontos para você ter a melhor performance possível, sendo o terceiro ponto o mais intrigante de todos.

1. Todo o conteúdo que você verá aqui foi fruto de muito estudo e vivências minhas como psicóloga e neurocientista, como empresária e influenciadora, como filha, irmã, esposa, mãe, amiga; como palestrante, escritora e treinadora de multinacionais, influenciadores digitais, empresários etc.
2. Você terá muitos exemplos práticos, exercícios, vivências, técnicas, ferramentas e histórias.
3. Cada técnica e estratégia que vou compartilhar aqui está sendo utilizada com você agora.

E quer saber... vou trazer um quarto ponto:
4. Ao final de cada capítulo, vou analisar algumas das técnicas que utilizei ao longo dele; ou seja, vou escrever usando o método em questão, então vou te mostrar, analisar, esmiuçar, praticamente dissecar as estratégias que usei com você!

Seja bem-vindo e prepare-se! Você tomou a DeCisão de estar aqui comigo, e eu vou honrá-la! Sabe, muitas vezes a palavra DeCisão é mal utilizada por nós. DeCisão é formada pelo prefixo DE, que significa *parar, interromper, impedir, bloquear*, seguido de CISÃO, que significa *cortar*!

E se você está aqui é porque tomou uma DeCisão! DeCisão de *parar* de se omitir, de *parar* de perder oportunidades, de *parar* de ficar para trás por não saber falar bem e se posicionar nos momentos importantes; *parar* de ficar com medo, com receio de falar, *parar* de perder negócios importantes... e só porque naquele momento "decisivo" você não soube se expressar e influenciar as pessoas.

Se você está aqui é porque decidiu *cortar* da sua vida o medo, a insegurança, a timidez, o receio na hora de se expor. É porque você decidiu ir além, ter resultados UAU. E você pode! Entre em ação, aplique o método Efeito UAU que aprenderá e vivenciará daqui pra frente, e então, como digo para meus alunos e mentorados:

NEM O TETO me SEGURA

Chegou o momento de acelerar, de decolar, mas de forma segura, estratégica e autêntica! Bora lá...

ANÁLISE DO MÉTODO EFEITO UAU

Para você falar bem e influenciar pessoas, para ter um Efeito UAU na sua comunicação, nos seus resultados, você precisa, antes de tudo, despertar interesse e gerar conexão! Eu já fiz isso aqui com você!

— Onde, Gi?

Na "Carta ao leitor":

> Talvez você já tenha visto isso em algum lugar, mas uma das formas de começar uma apresentação em público é com o agradecimento (vou ensinar várias técnicas para fazer uma introdução UAU no Capítulo 5). Eu fiz isso neste livro, e, para cada agradecimento, contei algo sobre mim.

— Mas, Gi, por que isso é importante? Qual era o seu objetivo ao fazer isso?

— Gerar conexão com você, mostrando a minha humanidade e algumas das minhas dores do passado.

> Gerei conversa com você, inseri um diálogo, como se eu tivesse entrado na sua mente. Fiz isso, e vou fazer várias outras vezes. Quando faço isto aqui:
>
> — Mas, Gi, por que isso é importante? Qual era o seu objetivo ao fazer isso?

> Entrei na sua mente e ainda te dei a liberdade de me chamar de Gi. Com essa técnica de neuropersuasão, eu gero conexão.

> 🔍 Convidei você para não ser somente um leitor, mas para participar ativamente do livro. Como fiz isso? Ao te convidar para escrever quem marcou a sua história. E, mesmo que você não tenha escrito, provavelmente pensou nessas pessoas.

Na "Introdução":

> 🔍 Eu já cheguei chegando! Cheia de energia e dizendo: "UAU! Seja bem-vindo a este livro!".
>
> 🔍 Te elogiei, dei os parabéns pela DeCisão.
>
> 🔍 Elevei a expectativa para o final desta parte do livro quando eu disse que, mais pra frente, eu explicaria o porquê de escrever "DeCisão" assim.
>
> 🔍 Passei autoridade e gerei interesse quando falei que o método Efeito UAU é pautado pela psicologia e neurociência e descrevi o que vai acontecer na sua vida ao aplicá-lo.
>
> 🔍 Utilizei a técnica de agrupamento e gerei curiosidade quando escrevi, já na introdução, que você teria três pontos... e que o terceiro seria o mais intrigante de todos (no Capítulo 5, te ensinarei isso).
>
> 🔍 Mostrei logo de cara o resultado que você terá ao ler e aplicar o método deste livro (na verdade, já fiz isso no próprio título do livro, você reparou?).

> 🔍 No ponto número 1, gerei conexão quando escrevi: "filha, irmã, esposa, mãe" e passei autoridade de forma sutil quando escrevi: "palestrante, escritora e treinadora de multinacionais".
>
> 🔍 Cumpri o que eu disse no ponto número 3, e ainda trouxe um *overdelivery*, uma entrega a mais, quando trouxe o ponto 4. Surpreenda o outro, surpreenda seu público, e entregue a mais.

Agora, pra fecharmos a introdução, que tal fazer mais um exercício? Na verdade, dois:

Exercício 1

Ao ler este livro, esteja aberto a novos aprendizados. Assim, quem sabe, você vai reforçar ou validar alguns dos aprendizados que teve ao longo da sua vida. Mas, também, leia tudo aqui analisando quais estratégias do método Efeito UAU estão sendo utilizadas.

— Por que isso, Gi?

— Porque você verá que eu utilizarei o Efeito UAU o tempo todo com você! E assim vai aprender mais rápido e de forma mais completa e profunda!

> Acabei de usar novamente a técnica de fazer pergunta como se fosse o público, como se fosse você me perguntando, percebeu?!

Existe uma (estratégia UAU) para você se apresentar, falar de si mesmo e passar autoridade ao mesmo tempo que você gera muita conexão com o público, você vai aprender isso aqui!

Mas, já preciso te contar e pedir, pelo amor de tudo que há de mais sagrado nesta vida, não se apresente mostrando o seu currículo Lattes e lendo tudo o que você já fez de curso na vida... //

Isso é muito, mas muito chato!
> Por favor, não faça isso! <

Exercício 2

Ao final de cada capítulo, vou te convidar a escrever quais foram seus três principais aprendizados.

— Ah, Gi, sério? Por que raios você quer que eu escreva isso?

— Porque, quando você escreve, seus neurônios* fazem mais sinapses entre eles, é como se eles conversassem mais uns com os outros e isso fortalecesse tudo o que você aprendeu. Seu aprendizado será mais profundo e duradouro.

Quais foram seus três principais aprendizados até aqui?

....
....
....
....
....

P.S.: No final de cada capítulo, terá um QR Code para você escanear e compartilhar comigo os seus aprendizados. Vou ficar muito feliz em ler sua mensagem! Comente nem que seja só a parte do livro que você leu com a hashtag #valor, por exemplo:

leitor_ 1 min
Decisão#valor
Responder

♡
7

---

* Neurônios são as principais células do sistema nervoso. Sem elas, não aprenderíamos nada. Eles estão relacionados com a propagação do impulso nervoso, que é fundamental para garantir a comunicação entre um neurônio e outro.

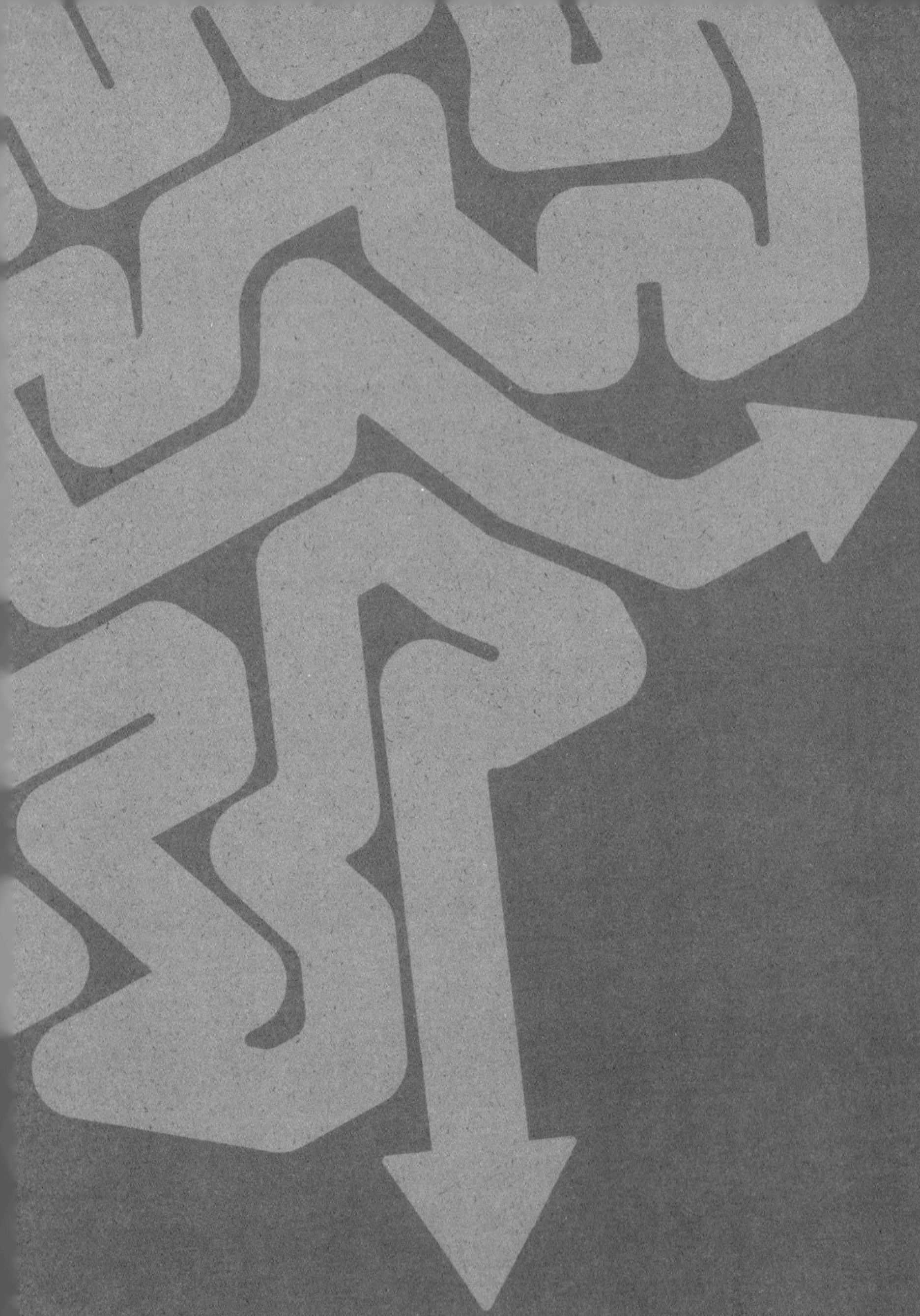

PARTE I

Destacando-se e exalando confiança

Prepare-se para ter acesso ao que muito provavelmente ninguém te contou, mas que você precisa **saber e dominar** para ter uma comunicação influente e persuasiva. Se você quer falar de forma magnética... Se quer que a confiança na sua fala vaze pelos seus poros... Se quer falar e ser ouvido... Se quer ser reconhecido... Se quer se destacar e ter visibilidade, fechar novos, melhores e mais negócios...

Você precisa **saber e dominar** o que compartilharei na Parte I deste livro.

CAPÍTULO 1

A técnica que vai elevar ao máximo a probabilidade do sucesso na sua fala

> Tempo não é dinheiro. Dinheiro a gente perde, trabalha e ganha mais. Tempo é vida. Eu honro seu tempo. Honre o tempo do outro, honre o tempo do seu público. Falar em público, levar sua mensagem, falar bem não tem a ver com você; mas sim com gerar valor na vida do outro. Quando faz isso, você verdadeiramente influencia pessoas.
> — *Gislene Isquierdo*

Todas as vezes que você for fazer algo, falar, apresentar, ler, assistir a alguma coisa, se questione: *o que quero com isso? Qual resultado eu quero alcançar?* Assim, eu te pergunto: qual RESULTADO você quer alcançar ao ler este livro? Vamos nos projetar no futuro! Imagine que você terminou a leitura deste livro e está super, ultra, mega UAU satisfeito... Qual RESULTADO você alcançou?

Essa é uma pergunta *muito* importante! Repare que utilizei a palavra RESULTADO, e não *expectativa*. Eu não te perguntei qual a sua *expectativa* ao ler este livro, perguntei qual RESULTADO você quer alcançar.

— Mas por que isso, Gi? Não é praticamente a mesma coisa?

— Não, não é!

Expectativa é quando você coloca a responsabilidade nas mãos do outro. RESULTADO é quando a responsabilidade vem para as suas mãos, e isso é extremamente poderoso.

Assim, se você... (imagine a cena):

- ✓ Vai a um restaurante com pessoas que adora, mas a fila está grande, e o restaurante, lotado, você tem que enfrentar a fila e, para completar, o serviço demora mais que de costume... Existe uma grande probabilidade de você sair de lá dizendo que o passeio foi uma "m💩...".

Mas se você tiver traçado o RESULTADO desta forma aqui: "Vou sair pra ver meus amigos, colocar o papo em dia e me divertir com eles". Esse RESULTADO dependerá só de você! A expectativa depende do restaurante, da fila, enfim, de variáveis sobre as quais você não tem controle. Se divertir, colocar o papo em dia, não tem nada a ver com a fila nem com a demora dos pratos... mas com você!

P.S.: 💩 = palavrão.

- ✓ Vai ao cinema com seu "amor" e o RESULTADO que você quer é ficar juntinho, se divertir, passar um tempo com essa pessoa, mas o filme é uma "m💩...". O filme ser uma "m💩..." não muda nada! Por quê? Porque você especificou para si mesmo o que estava buscando e se divertiu, namorou, curtiu...

E isso vale para tudo na sua vida, inclusive para esta leitura! Inclusive, também, para quando você for conversar com alguém, fazer uma palestra, dar uma aula, fazer uma live, gravar um vídeo ou gravar um único Stories no Instagram; serve para quando você for dar um treinamento, apresentar um projeto, conduzir uma reunião, não importa. Sempre comece estabelecendo o RESULTADO que deseja alcançar.

Vou te dar dois exemplos bem reais e práticos:

Exemplo 1

Em 2007, comecei a atender uma grande empresa global chamada Sandoz, pertencente ao grupo Novartis.* Comecei ministrando treinamentos para os estagiários de uma unidade que ficava numa cidade próxima à que eu morava. Não sei se você sabe, mas é muito comum uma consultoria de desenvolvimento de pessoas de São Paulo dar palestras, capacitações e treinamentos em empresas nacionais e multinacionais no interior. Mas uma consultoria do interior (a minha empresa é sediada em Londrina, que é uma cidade do interior do Paraná) dar treinamentos em multinacionais em outros estados e nas capitais não é nada comum.

Mas por que estou te contando isso?

Porque, em 2012, cinco anos depois de muito trabalho fazendo meu nome e o da minha empresa, fechei meu primeiro negócio com a Sandoz, em São Paulo. E adivinha qual foi a primeira pergunta que fiz na reunião de alinhamento do projeto?

> Imagine que o trabalho terminou agora e você (a empresa contratante) está super, ultra, mega UAU satisfeita com o resultado alcançado. Imagine que cada centavo e minuto de investimento feito valeu muito a pena! Qual RESULTADO você alcançou?

---

* Novartis é uma empresa global com sede na Basileia, na Suíça, presente em mais de 150 países e, no Brasil, há mais de 85 anos. No mundo todo, são 121 mil colaboradores que contribuem para a melhoria da qualidade de vida dos pacientes, por meio do desenvolvimento e da comercialização de medicamentos inovadores. Para saber mais, acesse: www.novartis.com.br.

Meses depois, ainda em 2012, a Novartis (na época uma unidade que ficava na cidade de Resende, Rio de Janeiro) solicitou uma proposta de capacitação para multiplicadores da empresa. Seria um treinamento de técnicas de apresentação e oratória focado para quem, dentro da própria Novartis, ministrava os treinamentos. Eles precisavam treinar seis turmas, mas eu seria testada na primeira. Assim, se o meu treinamento gerasse o RESULTADO que buscavam, eu, automaticamente, fecharia os outros cinco contratos.

É assim que funciona! E olha que não fiz essa pergunta só para esse cliente ou só para esse projeto, eu faço essa pergunta sempre!

Enfim, minha empresa fechou os seis contratos e muitos outros negócios com esse mesmo cliente.

— Gi do céu! Que show! Mas como isso é possível?

— Simples, método Efeito UAU. Um método que tem seu embasamento científico na psicologia e na neurociência e que gera RESULTADO!

Exemplo 2

Vamos voltar um pouco no tempo.

Em 2004, meu filho Gabriel tinha acabado de nascer, e nessa época eu dava algumas palestras e atendia na clínica. Já havia trabalhado na área de recursos humanos desde 1998, quando ainda era estagiária de psicologia. O que eu buscava naquela época era fortalecer a minha atuação como psicóloga clínica, e uma das ações que eu realizava era ministrar palestras.

Uma igreja me contratou para dar uma palestra para os pais das crianças da catequese e o RESULTADO que a igreja queria era que eles soubessem lidar com as crianças, como corrigir, fortalecer a autoestima delas, ter uma comunicação assertiva e incentivá-las na fé.

Atenção:

Após "seu cliente" lhe responder qual RESULTADO ele quer, você precisa se questionar:

Eu consigo entregar esse RESULTADO? Eu garanto esse RESULTADO?

Se sim, continue o projeto, realize-o!

Se não, você consegue buscar ajuda para realizar esse resultado ou o melhor a fazer é dizer "não" e passar para outra pessoa?

— Por que raios isso é tão importante, Gi, ao ponto de você até interromper o exemplo 2? Por quê?

— Porque falar bem e ter um Efeito UAU nada tem a ver com falar de forma perfeita. Não tem a ver com você... Mas, como escrevi na frase de abertura deste capítulo:

> Tempo não é dinheiro. Dinheiro a gente perde, trabalha e ganha mais. Tempo é vida. Eu honro seu tempo. Honre o tempo do outro, honre o tempo do seu público. Falar em público, levar sua mensagem, falar bem não tem a ver com você; mas sim com gerar valor na vida do outro. Quando faz isso, você verdadeiramente influencia pessoas.

Estamos numa era em que o volume de informação é tão gigantesco que chega a ser bizarro. Para você ter sucesso, para se destacar, ser influente, desejado, magnético, para ter um Efeito UAU, para ser contratado para uma palestra, treinamento, curso e depois ser recontratado várias e várias vezes pelo mesmo cliente, para seu valor ser diferenciado, para você ser referência, o tanto de informação que você passará na sua fala não é o que será levado em consideração, mas sim o RESULTADO que você vai gerar na vida, na carreira, no negócio do outro.

É sempre sobre o outro... é sempre sobre RESULTADO.

— Ô, Gi, mas tem uma coisa me incomodando aqui... E eu? E o resultado que quero pra mim? Isso não conta?

— Conta, com certeza conta! Voltemos ao exemplo 2...

O RESULTADO que a igreja queria era: que os pais soubessem lidar com as crianças, que soubessem corrigir, fortalecer a autoestima delas, ter uma comunicação assertiva e incentivá-las na fé. Mas você se recorda de que eu disse que o que eu buscava naquele momento era fortalecer mais a minha atuação como psicóloga clínica? Pois é, aqui entra o RESULTADO que eu queria pra mim, aqui entra o RESULTADO que você quer pra você!

A pergunta é: imagine que você terminou a palestra agora e está super, ultra, mega UAU satisfeita, qual RESULTADO alcançou?

A minha resposta foi: quero que os pais me vejam como referência para atendimento clínico, quero atrair novos clientes para a clínica e que eles falem de mim dentro das empresas em que trabalham, quero que isso gere novos contratos para palestras e treinamentos sobre comunicação e relacionamento.

Fiz a palestra e foi um sucesso, o resultado foi um verdadeiro Efeito UAU!

Essa é a pergunta que você se fará! Na verdade, sempre ensino meus alunos a fazerem essa pergunta pensando em todos os públicos. Vamos a um exemplo?

Você precisa saber o seguinte de uma empresa que te contratou para ministrar um treinamento:

1. Qual RESULTADO a empresa quer para si?
2. Qual RESULTADO ela quer para os participantes?

3. Qual RESULTADO ela trará para você, sua vida, sua carreira, sua marca...?

Começar respondendo qual RESULTADO quer alcançar é "A" técnica que vai elevar ao máximo a probabilidade do sucesso na sua fala. Parece simples, e realmente é! Mas também é muito, mas muito poderoso e fará "A" diferença! Pode confiar! E é justamente por aqui que começaremos o método Efeito UAU: pelo RESULTADO.

> Você reparou que na Introdução deste livro eu já havia escrito a palavra RESULTADO toda em maiúscula?
> Pois é, desde lá eu já estava chamando a sua atenção para isso!
> Ah, e a partir do Capítulo 2, não vou mais escrevê-la assim, pois agora você já sabe e nunca mais se esquecerá do poder dessa palavra e dessa técnica!

Depois de responder a essas três perguntas, aí, sim, você começará a elaborar o que vai compor a sua fala, o que vai inserir ou deletar da sua apresentação. E é claro que, além de ensinar essa técnica, nós já vamos aplicá-la! Por isso, eu te convido a responder:

Qual RESULTADO você quer alcançar ao ler este livro? Vamos nos projetar no futuro... Imagine que você terminou a leitura e está super, ultra, mega UAU satisfeito... qual RESULTADO você alcançou?

....
....
....
....

Para alcançar tudo isso, você precisará de várias competências-chave, mas, fique tranquilo, pois você terá acesso ao mapa de todas elas aqui. Porém, antes de eu te entregar esses mapas, você precisa fazer um diagnóstico rápido e sincero de onde você está. Vamos fazer esse diagnóstico por meio de uma técnica chamada nível de satisfação (você aprenderá essa técnica lá no Capítulo 9).

Vamos lá?

Para começar, vou fazer doze perguntas e, para cada uma delas, você vai responder de 0 a 10.

0 significa exatamente o jeito que você não quer estar, ou seja, você está absolutamente insatisfeito.

10 significa exatamente o jeito que você quer estar, ou seja, você está absolutamente satisfeito, é o jeito UAU!

Vamos analisar o jeito como você está hoje. Esse diagnóstico é como se fosse uma foto sua de agora! Não se preocupe, não tem certo nem errado, só tem o jeito que você está neste momento: quanto mais verdadeiro você for, mais assertivo será o programa de desenvolvimento que traçaremos para você daqui para a frente!

Leia cada pergunta e, no espaço em branco, coloque o seu nível de satisfação de 0 a 10.

1. De 0 a 10, quão satisfeito você está com a sua habilidade de controlar as emoções ao falar diante de um público, ao expressar suas ideias e levar sua mensagem quando todos estão olhando pra você? _____
2. De 0 a 10, quão satisfeito você está com a sua comunicação não verbal (por exemplo, postura corporal, gestos estratégicos e utilização do espaço) ao falar diante de um público, ao expressar suas ideias e levar sua mensagem quando todos estão olhando pra você? _____
3. De 0 a 10, quão satisfeito você está com a sua habilidade de organizar as suas ideias para montar uma apresentação com início, meio e fim de forma atraente e magnética? _____
4. De 0 a 10, quão satisfeito você está com a sua habilidade de conquistar atenção e o interesse das pessoas logo na abertura da sua fala? _____
5. De 0 a 10, quão satisfeito você está com a sua habilidade de manter a atenção e o interesse das pessoas durante toda a sua fala? _____
6. De 0 a 10, quão satisfeito você está com a sua habilidade de fazer um encerramento estratégico que deixe um gosto de quero mais? _____
7. De 0 a 10, quão satisfeito você está com a sua comunicação verbal emocional (por exemplo, velocidade e entonação vocal, expressividade facial) ao falar diante de um público, ao expressar suas ideias e levar sua mensagem quando todos estão olhando pra você? _____
8. De 0 a 10, quão satisfeito você está com a fluidez da sua comunicação (por exemplo, ausência de vícios de linguagem, saber lidar com imprevistos) ao falar diante de um público, ao expressar suas ideias e levar sua mensagem quando todos estão olhando pra você? _____
9. De 0 a 10, quão satisfeito você está com a sua habilidade de encantar a audiência enquanto expressa suas ideias e leva sua mensagem? _____
10. De 0 a 10, quão satisfeito você está com a sua habilidade de utilizar técnicas e dinâmicas para engajar o público? _____

11. De 0 a 10, quão satisfeito você está com a sua habilidade de ser persuasivo e influente ao expressar suas ideias e levar sua mensagem diante de um público? _____
12. De 0 a 10, quão satisfeito você está com a sua habilidade de fazer todos os tópicos anteriores e ser natural e espontâneo ao mesmo tempo? _____

Agora, pegue um lápis preto ou, se preferir, lápis de cor e dentro de cada uma das fatias do gráfico a seguir preencha a sua roda da comunicação. Pense que o centro da roda é 0 e a borda é 10. Pinte cada uma das áreas segundo a análise anterior.

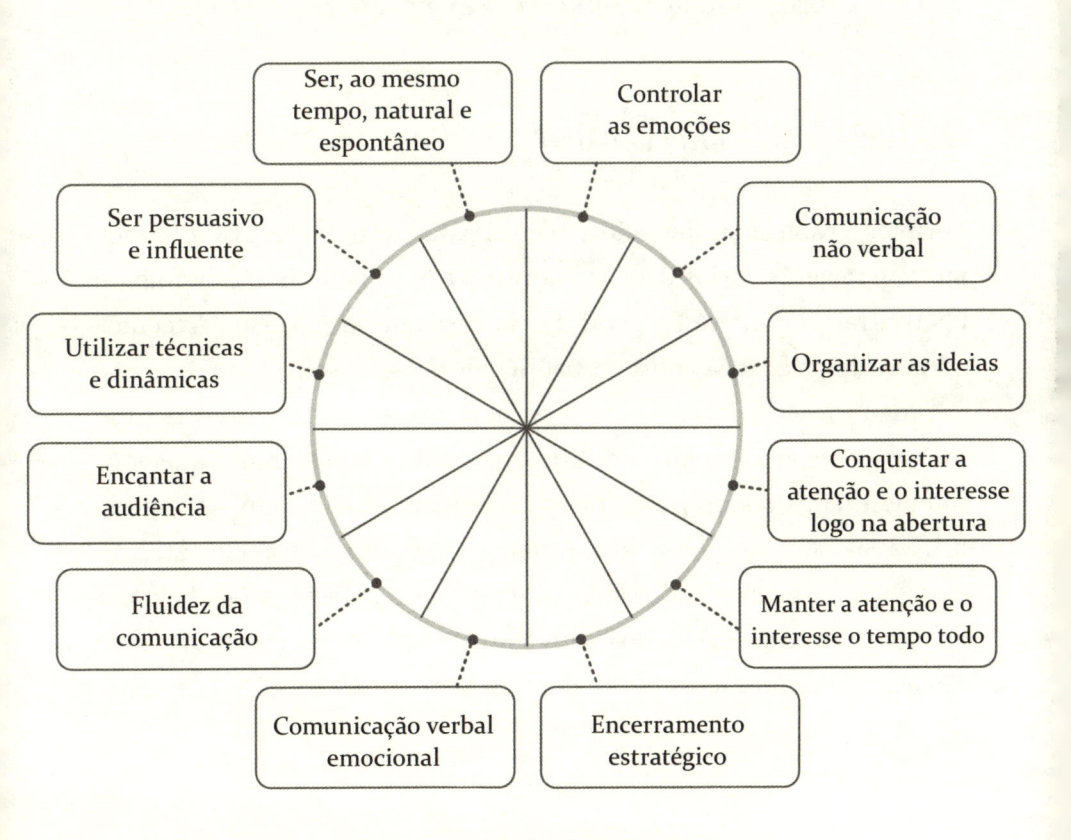

- Ser, ao mesmo tempo, natural e espontâneo
- Controlar as emoções
- Ser persuasivo e influente
- Comunicação não verbal
- Utilizar técnicas e dinâmicas
- Organizar as ideias
- Encantar a audiência
- Conquistar a atenção e o interesse logo na abertura
- Fluidez da comunicação
- Manter a atenção e o interesse o tempo todo
- Comunicação verbal emocional
- Encerramento estratégico

Se soltássemos essa roda numa descida, a sua comunicação fluiria ou seria truncada?

Cada vez que sua comunicação sai truncada, você perde oportunidades, fica para trás, se frustra... você se machuca e vai ficando cada vez mais ferido e fraco.

Chegou o momento de mudarmos isso! E, como você notou, uma das competências que verificamos no exercício anterior foi o controle das emoções e é por ela que vamos começar! No Capítulo 2, vamos falar sobre controle dos sentimentos e sobre o que você precisa fazer para vazar pelos seus poros confiança e segurança em qualquer situação, diante de qualquer audiência.

Mas, antes, eu tenho uma última pergunta neste capítulo:

De 0 a 10, quão comprometido você está em se desenvolver? _____

ANÁLISE DO MÉTODO EFEITO UAU

Abrimos o capítulo utilizando a técnica para atrair o interesse e ao mesmo tempo gerar curiosidade (cada título é feito pensando exatamente nisto: atrair seu interesse, gerar desejo para que você o leia): "A técnica que vai elevar ao máximo a probabilidade do sucesso na sua fala".

Logo em seguida, trouxe uma frase de impacto. Poderia ter trazido uma frase de alguém famoso? Sim, mas coloca no seu radar que você também tem suas próprias frases de impacto. E que, sim, você pode utilizá-las para fortalecer a sua marca. Se você já viu meu perfil no Instagram (@gisleneisquierdo), pode reparar que faço isso lá. Pelo menos uma vez por semana, posto uma imagem com uma frase autoral de impacto. Você também pode, e deve, usar essa estratégia.

🔍 Utilizei várias vezes a técnica de persuasão do "porquê" (contarei sobre ela e outras técnicas de neuropersuasão no Capítulo 10).

🔍 Escrevo de uma forma mais acessível, evitando ao máximo o "tecniquês". Uma fala/escrita acessível gera proximidade e conexão. E adivinha qual é um dos resultados que quero com este livro? Sim, quero que você se sinta conectado comigo!

Perguntas, por exemplo, eu escrevo assim:

— Ô, Gi, mas tem uma coisa me incomodando aqui... E eu? E o resultado que quero pra mim? Isso não conta?

Como você leu na Introdução, essa é uma técnica de neuropersuasão e, se você reparar, eu a utilizo em vários momentos. Eu entro na sua mente fazendo a pergunta, digo meu nome e, nesse caso, ainda com intimidade, pois você está me chamando de Gi em vez de Gislene!

🔍 Técnica de neuropersuasão do "imagine". Eu levo você a criar a cena que eu desejo! Essa técnica é muito poderosa, já que, toda vez que você quiser que a pessoa esteja dentro da sua fala, completamente imersa, você pode utilizá-la.

🔍 Trouxe mais alguns elementos de autoridade contando, por exemplo, um trecho da minha história com a Sandoz e a Novartis.

🔍 Contei histórias e exemplos que praticamente materializavam na sua mente o que eu estava compartilhando com você.

> 🔍 Elevei a expectativa para o que ainda está por vir no livro. Inclusive, fiz isso dentro da própria análise quando escrevi: "Utilizei várias vezes a técnica de persuasão do 'porquê' (contarei sobre ela e outras técnicas de neuropersuasão no Capítulo 10)".

Viu só? O método Efeito UAU é UAU mesmo e funciona! Agora, me conta: de tudo o que você leu neste capítulo, quais foram seus três principais aprendizados?

....
....
....
....
....
....
....
....

Convido você a partilhar comigo quais foram seus aprendizados! Seu feedback é muito importante para um escritor, assim é possível saber que esta leitura está cumprindo verdadeiramente o seu papel, gerando valor na sua vida!

leitor_ 1 min
Resultado#valor   ♡
                   7
Responder

CAPÍTULO 2

O que e como fazer para exalar segurança e confiança pelos seus poros ao se comunicar diante de qualquer público

> Um pensamento gera um sentimento, que gera um comportamento, que conduz ao resultado.
> — *Gislene Isquierdo*

Para você falar bem e influenciar pessoas, para levar sua mensagem, suas ideias e gerar impacto, para falar de forma persuasiva e ao mesmo tempo natural, você precisará passar confiança e profissionalismo. E, para isso, precisará dominar os três aspectos ligados ao "eu". Esses três aspectos são muito importantes, mas o terceiro é tão importante, mas tão importante que ele vaza pelos seus poros o tempo todo.

Antes de continuar, quero revelar algo: quando eu escrevo, quando monto minhas palestras, treinamentos, cursos, quando eu monto os roteiros dos meus vídeos e lives, sempre ouço música. E para escrever este livro não foi diferente. Não sei se você gosta de música, mas ela tem o poder de mudar o estado emocional de uma pessoa (vamos entender melhor no Capítulo 3). Por isso, fiz uma playlist com as músicas que escutei ao escrever este livro e quero compartilhá-la com você. Escaneie o QR Code ao lado e ouça agora mesmo enquanto lê!

Os três aspectos ligados ao "eu" sobre os quais eu estava falando estão cem por cento conectados à psicologia e vão muito além de técnicas de oratória, aliás este livro e o método Efeito UAU vão muito além de técnicas enrijecidas de oratória. Mas calma que você também terá técnicas de apresentação e oratória aqui, no entanto, elas, por si só, não sustentarão a sua performance ao longo da jornada.

— Gi, quais são esses aspectos?

1º autoconhecimento;

2º autoimagem;

3º autoestima.

Eu os aprofundo no meu livro *Autoestima como hábito*,* mas, para dominar as suas emoções ao levar a sua mensagem, você precisa saber deles, por isso vou trazê-los brevemente aqui.

1º AUTOCONHECIMENTO

Quanto maior for seu autoconhecimento, maior a chance de você alcançar os seus objetivos.

Assim, se você quer falar de forma influente e persuasiva, quais são as suas forças, quais são os pontos que você precisa desenvolver e quais precisa aprimorar? O que te trava? O que te alavanca? Como você se sentiria ao falar para um pequeno público, porém mais experiente que você? Como se sentiria ao falar para um grande público e em um palco 360º (redondo, com a audiência toda ao seu redor)? Como se sentiria ao participar de uma live ou programa de TV ao vivo? Como se sentiria ao ter que gravar um vídeo com pessoas olhando pra você enquanto

---

* ISQUIERDO, Gislene. *Autoestima como hábito*: um guia da psicologia aplicada para sua autoestima e seus relacionamentos. São Paulo: Paidós, 2020.

grava? Como se sente ao pensar em gravar conteúdos em vídeos e postar nas redes sociais? O que te motiva a levar sua mensagem? Por que você deseja falar bem e influenciar pessoas?

Todas essas perguntas e cada uma das suas respostas elevam o seu autoconhecimento e, como eu disse, quanto maior ele for, maior a sua chance de alcançar os resultados que deseja.

E como este não é um livro qualquer, como o objetivo dele não é só trazer "A" melhor informação para você, mas também o desafiar a transformar a "informAção" em Ação, vamos elevar seu autoconhecimento agora mesmo!

1. Quais são as suas forças, suas qualidades, seus pontos fortes? Escreva pelo menos 10.

....
....
....

2. Quais são os pontos que você precisa desenvolver e aprimorar para arrasar ao se expressar diante das pessoas?

....
....
....

3. Tem algo que o trava? Alguma situação, contexto, público? Qual e por quê?

....
....
....

4. O que o alavanca? O que o faz querer ir além?

....
....

5. Como você se sentiria ao falar para um pequeno público, porém mais experiente que você?

....
....

6. Como você se sentiria ao falar para um grande público e em um palco 360º?

....

7. Como você se sentiria ao participar de uma live ou programa de TV ao vivo?

....

8. Como você se sentiria ao ter que gravar um vídeo com pessoas olhando pra você enquanto fala?

....

9. Como se sente ao pensar em gravar conteúdos em vídeos e postar nas redes sociais?

....
....

10. O que o motiva a levar sua mensagem? Por que você deseja se expressar de forma poderosa e influenciar pessoas?

....
....
....

11. Qual legado você quer deixar? Qual mensagem você quer passar e deixar para as pessoas?

....
....
....

Tem muitas outras perguntas que eu poderia fazer para você, mas acredito que essas estão boas para este momento. Vamos para o segundo fator.

2º AUTOIMAGEM

Quanto mais a forma que você se vê se assemelhar com como você realmente é, maior a chance de você alcançar os seus objetivos.

A sua autoimagem é a forma como você se vê, que pode ser autêntica ou distorcida, e para falar sobre isso de forma rápida e profunda vou dar dois exemplos reais, mas alterando o nome das pessoas.

Exemplo 1

Wilson é uma pessoa tecnicamente muito competente e sempre que precisa ele fala nas reuniões, apresenta os projetos dentro da empresa e, na cabeça dele, ele está arrasando. Ele gosta de explicar bem explicadinho e traz vários termos técnicos. Para ele, o que ele sabe é tão óbvio que não precisa "traduzir" o que os termos técnicos significam.

Porém, não é bem assim que acontece. A verdade é que, por trás dele, as pessoas estão em um grupo "paralelo" no WhatsApp, grupo do qual Wilson não faz parte... E lá as pessoas comentam:

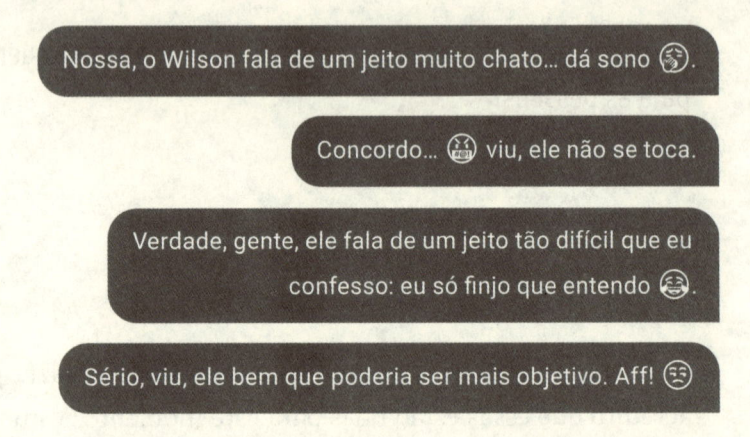

> Nossa, o Wilson fala de um jeito muito chato... dá sono 🥱.

> Concordo... 🥴 viu, ele não se toca.

> Verdade, gente, ele fala de um jeito tão difícil que eu confesso: eu só finjo que entendo 😅.

> Sério, viu, ele bem que poderia ser mais objetivo. Aff! 😒

Wilson se vê de forma distorcida, sua autoimagem está deturpada, deformada. Se ele não ajustar isso, não terá como evoluir.

Exemplo 2

Paulo é um profissional C-level* de uma empresa e foi convidado para fazer uma palestra superimportante e estratégica num evento internacional da companhia, no qual estariam presentes os seus trinta principais clientes.

Você pode pensar:

— Ah, mas ele é um C-level, ele não se sente inseguro. Ele não tem receio de falar...

---

* C-level: terminologia utilizada para indicar os executivos seniores de maior escalão dentro de uma companhia.

E eu lhe digo: isso não é verdade! Toda pessoa, todo ser humano, tem inseguranças. O que acontecia com Paulo é que ele também era, assim como Wilson, tecnicamente muito competente, a melhor pessoa para falar daquele tema específico, no entanto a insegurança o pegou e ele começou, no íntimo do seu ser, a se questionar se ele era a melhor pessoa para fazer aquela palestra tão importante, se ele realmente era bom o suficiente para aquilo.

Como eu explico no meu livro *Autoestima como hábito*, tem pessoas que são "leões", mas se veem como "gatinhos".

— Gi, o que você trabalhou com esses dois profissionais?

— No processo de mentoria individual com o Wilson e com o Paulo, eu trabalhei os três aspectos ligados ao eu: autoconhecimento, autoimagem e autoestima!

Ajudei o Wilson a ver não só os seus pontos fortes e como utilizá-los na sua comunicação, como também os fracos, ajudando-o a enxergar os comportamentos que lhe traziam consequências negativas e o modo como modificá-los. Já com o Paulo, ajudei-o a ver e valorizar suas forças. Eu brinco que o "chicote" dele já era muito forte para eu trazer à tona os seus pontos fracos. Ele já era um "leão", mas estava se vendo como um "gatinho". Primeiro fortaleci a sua real essência e depois passamos às técnicas para ele arrasar na palestra. E o que você pensa que aconteceu? Sim, a palestra foi UAU! Ele arrasou!

Agora, eu pergunto a você:

Como está a sua autoimagem?
Você está se vendo como leão ou gatinho?
Sua autoimagem está autêntica e real ou distorcida?

3º AUTOESTIMA

A sua autoestima vaza pelos poros e impacta tudo na sua vida, inclusive a sua comunicação. Se você quer ser uma pessoa naturalmente carismática, influente e persuasiva, precisa cuidar da sua autoestima.

A autoestima é o valor que você se dá, é o quanto você acredita que é bom, o quanto acredita em si. Ela está intimamente ligada à autoconfiança. E a autoestima saudável é aquela em que a pessoa não precisa da validação do outro para saber, para sentir de verdade, se ela é boa ou não. Lá no fundo, essa pessoa simplesmente sabe que ela tem valor!

Quem tem a autoestima saudável faz o que tem que ser feito (porque no seu íntimo ela sabe o que é certo e errado), e o faz sem esperar aprovação de ninguém. Quando uma pessoa faz algo esperando a aprovação do outro, no fundo, no fundo, ela já corre um sério risco de fracassar.

Se eu lhe desse o termômetro da autoestima, qual seria a temperatura da sua?

Sim, para você expressar de forma poderosa e influenciar pessoas, precisa ter a autoestima elevada e saudável. É trabalhando o seu "eu" que você consegue exalar segurança e confiança na sua comunicação; é olhando para isso que você vai controlar todas as suas emoções diante de qualquer público e em qualquer situação.

Como eu escrevi na frase de destaque deste capítulo, funciona assim:

"Um pensamento gera um sentimento, que gera um comportamento, que conduz ao resultado".

Se o Paulo, na hora de montar sua palestra, pensar:

Eu não sou bom o suficiente.
Eu não vou conseguir.
Eu sou tímido, esse negócio não é pra mim.

Quais sentimentos ele terá?

A. Segurança, confiança, tranquilidade.
B. Medo, insegurança, tensão, vergonha, ansiedade.

Resposta B! E, com esses sentimentos de medo, insegurança, tensão, vergonha, ansiedade, quais serão os comportamentos na hora que o Paulo tiver que se expressar?

A. Fala projetada pra fora, gestos espontâneos, marcados e estratégicos; exemplos claros, voz firme e fluida.
B. Fala projetada pra dentro (mal dá pra entender o que ele fala), falando rápido (pra se livrar logo da situação) ou baixo demais, com

um nível de energia baixo. Fica com as mãos no bolso ou para trás e evita contato visual.

Resposta B! E, com esses comportamentos, qual será o resultado da comunicação do Paulo?

A. UAU!
B. Uma porcaria.

É, eu sei que você acertou a resposta... Letra B. Sendo assim, o que é preciso fazer?

A resposta é clara: controlar os pensamentos.

— Nossa, Gi, parece mágica! É fácil assim?

— Não, não é mágica, é ciência. E, sim, é fácil, mas é preciso exercitar isso para o resto da vida. Vou te explicar...

O cérebro aprende por repetição, então pense aí por quantos anos você repetiu a si mesmo frases que o puxavam para baixo, que o sabotavam, que traziam à tona a sua pior versão. Frases que induziam e induzem sentimentos negativos como insegurança, medo, ansiedade, nervosismo... Frases como:

— E se eu não conseguir...
— E se não gostarem de mim...
— E se ninguém prestar atenção...
— E se me criticarem...
— E se eu errar...
— Eu não sou bom o suficiente...
— Eu sou tímido...
— Eu não consigo...
— O que eu sei é muito básico, tem no Google, por que alguém me ouviria...

— Eu nunca fui bom nisso...
— Eu sou dos bastidores...
— Eu não gosto de me expor...

E por aí vai... São muitas as frases que geram medo de ser rejeitado, receio de passar vergonha, medo de errar, insegurança, o que acaba por gerar uma cobrança desnecessária... É como se essa pessoa estivesse presa pela ditadura da perfeição, e sua voz sabotadora falasse tão, mas tão alto que ela simplesmente não consegue ouvir a sua voz sábia ou, como eu gosto de chamar, sua voz UAU.

— Como assim, Gi? Voz sabotadora? Voz sábia, voz UAU?

Toda pessoa (sim, toda pessoa, você, eu e a pessoa que você acha a mais poderosa e forte do mundo) tem duas vozes: a sabotadora e a UAU!

A sabotadora é uma voz que critica tudo. Para ela, nada está bom o suficiente, ela sempre te cobra, sempre te coloca pra baixo. E com uma "ideia" de "vou te proteger para não passar vergonha", te impede de ir além, de crescer, de evoluir...

A voz UAU te ajuda a ver em que precisa melhorar, ela vê e valoriza tuas forças, te ajuda a se conectar com pessoas que vão contribuir na tua jornada e te permite aprender, errar, acertar, melhorar... Te permite viver. Como eu digo para meus alunos: **hoje melhor do que ontem, hoje melhor do que ontem... sempre!**

Todas as vezes que você estiver diante de um desafio, as duas vozes vão falar com você e você terá que tomar uma DeCisão: de qual delas você vai aumentar o volume e ouvir com clareza e de qual você vai abaixar o volume e silenciar. Todas as vezes... todas as vezes!

Outro dia me questionaram no Instagram se não era possível calar essa voz sabotadora de uma vez por todas, e minha resposta foi não. Enquanto vivermos, essa voz falará na nossa mente. E é por isso que é um processo de melhoria e desenvolvimento contínuo, é por isso que é hoje melhor do que ontem, hoje melhor do que ontem... sempre!

— Mas como posso fazer isso?
Siga estes oito passos:*

1. Pense no desafio e escreva os pensamentos sabotadores que vêm à sua mente.
2. Dê um nome para essa voz.
3. Depois, olhe para a sua história de vida e pense (se preciso, escreva!) as suas vitórias, conquistas e desafios superados.
4. Para ter superado esses desafios, para ter cada uma dessas conquistas, você teve que ouvir a sua voz UAU. Quais foram as frases que sua voz UAU disse? Escreva-as.
5. Dê um nome para sua voz UAU.
6. De forma consciente, todos os dias escolha ouvir sua voz UAU!
7. Fortaleça-a com treinamentos, seja seletivo nas suas amizades, relacionamentos, conteúdos a que assiste e perfis que acompanha nas redes sociais.
8. Quando, diante de um desafio, sua voz sabotadora vier falar na sua cabeça, diga a ela: Mentira, a verdade é que eu sou... (Diga com convicção quais são as suas forças e virtudes!)

— Gi, você escreveu que isso acontece com toda pessoa. Me fala a verdade, isso acontece com você também?

— Sim, e por muito tempo a minha voz sabotadora era tão alta que ela praticamente gritava na minha mente. Mas eu aprendi a silenciá-la! Vou contar pra você, no Capítulo 10, quando eu for revelar o método de como contar história de forma UAU! Aguarde!

---

* Se quiser se aprofundar nessa técnica, leia e aplique a técnica *Forças UAU – Elevando a autoestima* do livro *Autoestima como hábito*.

Agora que você já sabe como controlar suas emoções por meio do controle dos seus pensamentos, no Capítulo 3 vamos ver outras seis técnicas que vão te ajudar nessa missão. Afinal, você pode dominar o conteúdo que vai apresentar, mas, se as suas emoções não estiverem sob o seu domínio... esqueça, a sua performance vai ser um fiasco e não é isso que queremos!

ANÁLISE DO MÉTODO EFEITO UAU

- Não vou explicar novamente o que já analisei nos capítulos anteriores. Mas tenho certeza de que você reparou no título do capítulo e na frase de destaque lá do começo.

- Utilizei a técnica de agrupamento (três aspectos ligados ao "eu") e elevei a expectativa para o terceiro (ele vaza pelos poros).

- Interagi com você em vários momentos, como quando fiz as 11 perguntas no "Autoconhecimento" e, em "Autoestima", perguntei o seguinte e dei as alternativas A e B:

   Quais sentimentos ele terá?
   A. Segurança, confiança, tranquilidade.
   B. Medo, insegurança, tensão, vergonha, ansiedade.

- Contei histórias reais e dei exemplos práticos, o que deixou o conteúdo mais concreto e tangível, como no caso do Wilson e do Paulo.

> 🔍 Trouxe frases autorais no meio do livro, como quando citei: "Hoje melhor do que ontem, hoje melhor do que ontem... sempre!".
>
> 🔍 Fiz você entrar dentro do livro e sentir que ele foi feito pra você (e realmente foi)!
>
> 🔍 Elevei a expectativa para os próximos capítulos!
>
> 🔍 Ah! Quase ia me esquecendo, trouxe a playlist!

Quais foram seus três principais aprendizados até aqui?

....
....
....
....
....

    E o convido a compartilhar comigo quais foram seus aprendizados! Isso é muito importante, porque assim eu saberei não só o seu feedback, mas também que esta leitura está gerando um valor verdadeiro na sua vida!

leitor_ 1 min
VozUAU#valor
Responder

♡
7

CAPÍTULO 3

Seis técnicas extremamente práticas e poderosas para controlar as emoções ao se expressar

> Você não é os traumas do seu passado. Você não é as dores do seu passado. Não é a sua condição atual, mas, sim, a sua decisão que determina seu futuro.
>
> — *Gislene Isquierdo*

Vou compartilhar com você as seis técnicas extremamente práticas e poderosas que já usei e testei ao longo da minha carreira (e olha que a carreira é longa, se contarmos que entrei para a faculdade de psicologia em 1997, faça as contas... Faz bastante tempo!). Há muitas pesquisas por trás dessas técnicas; meu propósito não é enchê-lo de dados, mas dizer: confie, pode usar que vai dar bom! Ah, e se prepare, pois a sexta técnica vai ser um divisor de águas na sua vida, não só para quando você estiver se expressando profissionalmente, mas na sua vida como um todo!

TÉCNICA NÚMERO 1 – MINDSET E NEUROPLASTICIDADE

Para começar, quero analisar a frase do começo deste capítulo: "Você não é os traumas do seu passado. Você não é as dores do seu passado.

Não é a sua condição atual, mas, sim, a sua decisão que determina seu futuro". O que isso ter a ver com o tema deste livro? Tudo!

Reflita:

- Qual futuro você quer para si?
- Por que você quer esse futuro?
- Qual decisão você precisa tomar hoje para caminhar rumo a esse futuro?

Não importa os traumas e as dores que você teve no seu passado, elas não definem quem você é e aonde pode chegar. Não importa a sua condição atual, se você tiver um **porquê** muito forte, você dará um jeito no **como**. Esse é um tema muito falado pelo psicólogo Viktor E. Frankl, que vivenciou o holocausto e escreveu o livro *Em busca de sentido*.* Nele, Frankl fala muito sobre superar as justificativas e entrar em ação tendo um forte porquê.

E este é o ponto: não importa a forma que você está hoje... Não importa se até hoje você travava diante de um público e por isso perdeu muitas oportunidades, o que importa é que a DeCisão de estar aqui está se desenvolvendo.

Não importa se você fala, mas fala sofrendo... Sabe aquela pessoa que só de saber que terá que falar algo numa reunião, numa convenção, numa aula, num vídeo, já começa a sofrer? Fica tensa, ansiosa, preocupada... Ela até fala, mas a que custo emocional? Ela sofre antes, durante e depois!

Falando no durante, muitas vezes quando fala, ela faz isso super-rápido pra se livrar logo da situação. E, quando termina de falar, apesar

---

* FRANKL, Viktor E. *Em busca de sentido*: um psicólogo no campo de concentração. Petrópolis: Vozes, 1991.

de sentir um rápido alívio: *Ufa, passou!*, logo em seguida se sente culpada e uma "b🔔...", porque no fundo, no fundo, ela sabe que não foi bem. Não importa se você já fala bem e quer lapidar mais ainda a sua fala... O que importa é você saber o porquê e tomar uma DeCisão! Porque o "como" eu vou contar tudo, TUDO mesmo pra você.

Comecemos pelo controle das suas emoções. Você pode ser tecnicamente brilhante, mas, se na hora o nervosismo tomar conta, já era! Vai ser um fiasco. Responda: você se sai melhor quando está tenso, com medo, receio, ansioso ou quando você está no domínio, calmo, focado, presente?

Você acredita, do fundo do seu ser, que é cem por cento possível para uma pessoa que tem receio de se expor, que trava, que nem áudio no WhatsApp manda, brilhar dando palestra num palco para mais de quatro mil pessoas? E fazer isso de forma natural, segura e extremamente confiante? Sim ou não? Acredita ou não?

Você acredita que essa mesma pessoa, que nem áudio manda, pode se tornar um grande professor no mundo digital e fazer lives, vídeos, aulas e cursos on-line de forma extremamente UAU e vender milhões de reais todos os anos?

A sua resposta indica o tipo de mindset que você tem hoje (atenção, eu escrevi "tem hoje") sobre esse tema. Carol S. Dweck, no livro *Mindset: a nova psicologia do sucesso*, fala sobre os dois tipos de mindset: o fixo e o de crescimento.*

Mas, afinal, o que é mindset?

Mindset é a sua mentalidade, sua forma de pensar e encarar a vida. Ela é composta pelas crenças que você tem na sua vida como um todo. Aquilo no que você acredita, ou seja, as suas convicções, influencia TODA a sua vida, inclusive na hora de você falar bem e influenciar pessoas ou não.

---

* DWECK, Carol S. *Mindset*: a nova psicologia do sucesso. São Paulo: Objetiva, 2017.

E quer saber mais? Mesmo que você não tenha consciência das suas crenças, elas estão constantemente interferindo, influenciando a sua vida. Elas influenciam o que você deseja e as suas chances de conseguir ou não alcançar seus objetivos e sonhos. A mudança das crenças (mesmo que a mais simples) é capaz de desencadear efeitos profundos. A verdade é que as suas crenças formam o seu mindset, e ele permeia cada parte da sua vida.

> **MINDSET = MENTALIDADE**
> Formado pelas suas crenças.
> Crenças: tudo aquilo em que você acredita, em que tem uma forte convicção.

No que você acredita?

Como você lida com desafios?

Como você lida quando precisa falar algo e todos vão olhar pra você?

Como você lida com a exposição ao falar diante de um público (presencial e on-line)?

Se hoje você tivesse que dar uma entrevista na TV ou em um podcast ao vivo, se, hoje, tivesse que fazer uma live, gravar um vídeo, como lidaria com isso?

No mindset fixo, a pessoa tem a necessidade constante de provar a si mesma o seu valor. Diante da possibilidade do medo de errar e "fazer feio", ela trava, sofre da ditadura da perfeição, a voz sabotadora grita com ela... No mindset fixo, a pessoa crê que suas qualidades são imutáveis.

No mindset de crescimento, a pessoa tem a crença de que é capaz de cultivar suas qualidades por meio de esforço. Ela acredita no desenvolvimento contínuo. Ela crê, sim, que cada pessoa possa ter seu talento e se diferenciar por causa dele, mas que cada um é cem por cento capaz de se modificar, de se desenvolver por meio do esforço e da experiência.

Agora me diga, qual dos dois tipos de mindset você acredita que permite que as pessoas prosperem mais, mesmo nos momentos mais desafiadores da vida?

Sim, o mindset de crescimento!

A neuroplasticidade está aí para não deixar dúvidas sobre isso.

— Gi, o que é neuroplasticidade?

— Simples. Vamos à explicação?

Imagine que eu pegue uma muda de amora e a plante num vaso estilo bonsai, uma arte de origem japonesa que significa "árvore na bandeja" ou "árvore no vaso". E a técnica para plantar essa muda de amora estilo bonsai consiste em pegá-la e colocá-la num vaso raso. Mesmo que ela esteja num vaso raso, as suas características originais não se perderão, ou seja, vamos conseguir colher amoras dessa arvorezinha! Beleza, mas como você imagina que serão as raízes dessa amoreira?

Agora, visualize a seguinte cena: eu pegando essa planta com todo o cuidado e a plantando num jardim onde há muito espaço para ela expandir as suas raízes. O que aconteceria? Imagine as suas raízes adaptando-se, moldando-se...

Agora, pense nas raízes da amoreira como se fossem os seus neurônios. Você tem muitos, mas muitos neurônios mesmo (o cérebro humano tem, em média, 86 bilhões de neurônios) e, dependendo das experiências que você teve/tem, dependendo se seu cérebro foi/é exposto ou não a novas experiências, o seu sistema nervoso central, que é composto por esses neurônios, vai mudando, adaptando-se e moldando-se, tanto em nível estrutural como funcional. Essa mudança toda, ou seja, todo o seu aprendizado, só é possível porque seu cérebro tem essa capacidade, tem essa plasticidade neuronal, ou seja, tem a neuroplasticidade.*

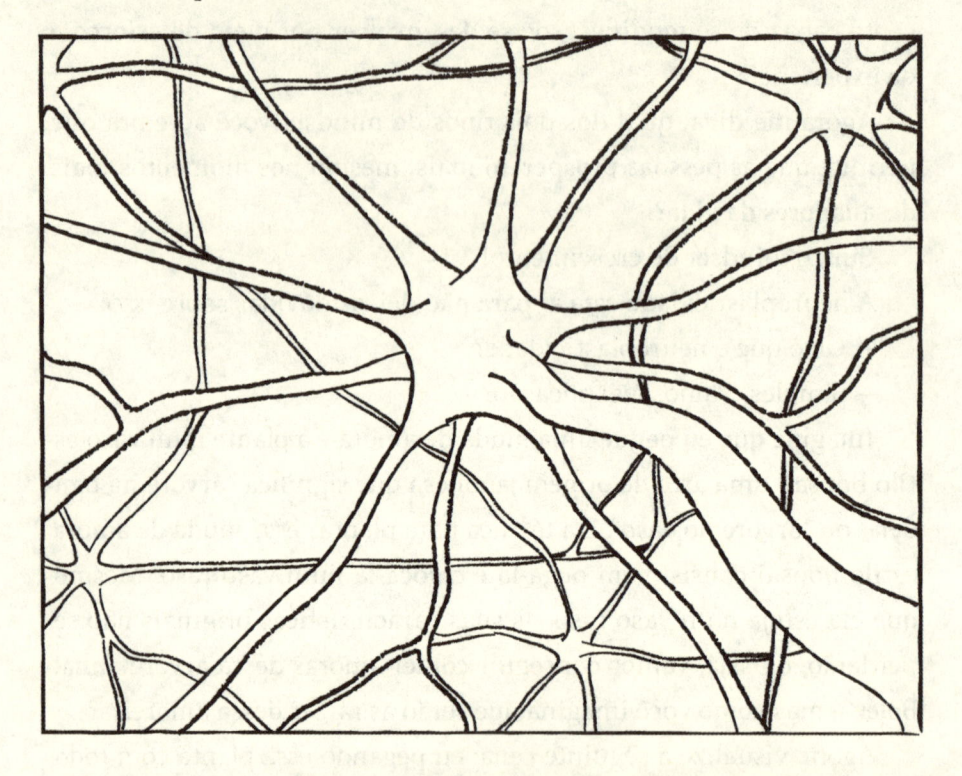

Por que tudo isso? Por que toda essa explicação?

Só pra te provar que "pau que nasce torto só morre torto se quiser"... Pra te provar que ninguém precisa sofrer da síndrome de Gabriela (música composta por Dorival Caymmi, que diz "eu nasci assim, eu cresci assim e sou mesmo assim... Gabriela")... Pra te provar que, mesmo que hoje você perceba que seu mindset esteja fixo, você pode mudar! Pra te provar que, mesmo que, hoje, sua voz sabotadora grite com você, você pode mudar!

---

* LENT, Roberto. *Cem bilhões de neurônios*: conceitos fundamentais de neurociências. São Paulo: Atheneu, 2010.

Lembra que eu disse anteriormente que o cérebro aprende por repetição? Então! Não sei por quantos anos você repetiu para si mesmo frases que o sabotavam, manteve em si um padrão de crenças destrutivas e uma necessidade de provar que tem valor, que é bom... E tudo isso fez seu mindset ficar cada vez mais fixo. Não sei por quantos anos, mas uma coisa eu sei: você tem o poder da neuroplasticidade. Mesmo que hoje você se perceba como uma planta com as raízes atrofiadas, você pode mudar!

Tem um amigo meu muito querido e também escritor, Bruno Gimenes, que diz: "Ninguém nasceu pra ser bonsai".

É num passe de mágica que muda?

Não. É com DeCisão e Repetição, mas usando o método certo!

TÉCNICA NÚMERO 2 – RESPIRAÇÃO CONSCIENTE E PROFUNDA

De forma rápida, vou falar de dois tipos de respiração: a que te ajuda e a que te atrapalha, especialmente na hora de falar em público, na hora de se posicionar.

Número 1: atrapalha

Quando você respira dessa forma, traz o ar só para a parte de cima do seu tronco e, assim, vem uma sensação de falta de ar. Esse tipo de respiração te deixa mais ansioso ainda! Você respira rápido e o ar não chega aonde tem que chegar para te dar fôlego na hora de falar.

Número 2: ajuda

Você respira de forma profunda e consciente, inspira puxando o ar pelo nariz e expira soltando-o pela boca. Ao fazer isso, ao puxar o ar, você deixa seu abdômen cheinho (você fica barrigudo). Ao soltar o ar, você murcha a barriga, como se puxasse seu umbigo para dentro (você fica "tanquinho").

Faça isso agora... E, conforme for respirando de forma consciente e profunda, repita para si mesmo:

— Eu sou UAU!

— Eu nasci pra viver uma vida UAU!

— Eu faço acontecer!

Faça isso por pelo menos um minuto e de preferência ouvindo esta música da playlist:

Fez? Agora me conta: como se sentiu? Você está mais calmo ou mais agitado? Mais inseguro ou mais confiante?

Viu?! Como eu te disse, técnica simples e poderosa!

TÉCNICA NÚMERO 3 – POSTURA UAU × POSTURA MEDÍOCRE

Como na técnica da respiração, aqui também temos dois tipos de postura: a UAU e a medíocre. Uma ativa a sua versão sabotadora, que duvida de si mesmo e que, consequentemente, tem resultados medíocres. A outra ativa a sua melhor versão, a que acredita em si, que busca se desenvolver, que entra em ação e faz acontecer!

Para lhe ajudar a entender com poucas palavras, vou compartilhar com você uma imagem:

> **Esta é minha postura de insegura**
>
> **Quando você está inseguro, o jeito que você fica faz muita diferença**
>
> **A pior coisa que você pode fazer é ficar ereto e levantar a cabeça porque aí você começa a melhorar**
>
> **Então se você acha legal ficar inseguro, tem que ficar assim**

Por isso, ao falar com alguém, seja no um a um, seja para milhares de pessoas; ao levar sua mensagem, seja presencialmente, seja on-line, diante de uma câmera, lembre-se sempre: sua postura influencia cem por cento a sua performance! E, para você ter um Efeito UAU na sua fala, a sua comunicação não verbal fará muita diferença. No Capítulo 6, ao falar sobre gestos e uso do espaço, aprofundarei o assunto.

TÉCNICA NÚMERO 4 - MÚSICA E EMOÇÃO

Eu poderia citar várias pesquisas, mas vou me ater à seguinte análise: o que seria de um filme de suspense sem trilha sonora? O que seria de festas sem uma música animada? O que seria da entrada da noiva na igreja sem uma música emocionante? O que seria do exercício da respiração que pedi para você fazer se ele não estivesse acompanhado pela música?

A música tem o poder de mudar o estado emocional de uma pessoa. E tem mais: ela tem o poder de potencializar um estado emocional. Utilize isso a seu favor!

Vou partilhar com você algo que ensino a meus alunos do treinamento on-line Efeito UAU e a meus clientes de mentoria, para que você também possa usar. Todas as vezes antes de "subir ao palco" (antes de se expor, antes de falar, antes de entrar numa reunião, antes de entrar ao vivo numa live, antes de gravar um vídeo...), ouça uma música que o empodere e acione a sua voz UAU! Um potencializará o outro, e o efeito vai ser UAU mesmo!

Ah, e também quando você, no meio da sua fala, quiser gerar um determinado estado emocional, coloque uma música. Exemplo: uma aluna minha de mentoria, a Monique Curi, me contratou para desenhar e treinar sua palestra onde ela conta sua história de vida com um conteúdo inspirador para empoderar as pessoas, especialmente as mulheres. Em um determinado momento da sua palestra, ela conduz um exercício ao som da música "Dancing Queen", do Abba. Sempre que for estratégico para o resultado que você quiser alcançar, utilize músicas!

TÉCNICA NÚMERO 5 – FOQUE O QUE MAIS IMPORTA

O que mais importa numa apresentação? O que mais importa ao expressar suas ideias? O que mais importa ao levar sua mensagem?

A. Ser entendido.
B. Ser reconhecido.
C. Ser aplaudido.
D. Gerar valor para o público.

O que mais importa mesmo é a letra D! Se você fizer isso, é porque você já foi entendido (A), reconhecido (B)... Por isso, lembre-se da frase com que abri o Capítulo 1: "Falar em público, levar sua mensagem, falar bem não tem a ver com você; mas, sim, com gerar valor na vida do outro".

Mantenha o foco no público, em gerar valor, em honrar o tempo da pessoa que está ali assistindo a você e o ouvindo. Ao "subir ao palco", ao abrir sua câmera, ao entrar numa sala, ao levar sua mensagem, ao falar, lembre-se sempre disso!

Todas as vezes que você mantiver o foco em si mesmo, que se preocupar com você:

"Ai, ai... O que será que vão pensar de mim..."
"Será que vão gostar..."
"Hum... Será que minha roupa está boa..."
"Putz, bem hoje meu cabelo não está contribuindo, viu..."

Você vai se sentir ansioso, tenso, preocupado e não terá uma performance UAU! Mas, se olhar de verdade para o público e se importar com ele, e mantiver o foco em gerar valor, em agregar, em contribuir... aí, sim, vai ser UAU! Você vai gerar conexão, vai dar seu recado e despertar interesse e transformação!

TÉCNICA NÚMERO 6 – TRIPLA PERCEPÇÃO DA REALIDADE

Partindo da análise da imagem anterior, quero explicar essa última técnica afirmando para você que tudo na vida tem três pontos de vista: o do gato, o do cachorro e o do passarinho! Isso quer dizer que tudo na vida tem o seu ponto de vista, o da outra pessoa e o ponto de vista neutro. Vou lhe explicar de uma forma simples e prática, dando dois exemplos, e no final vou lhe contar uma história tensa.

Exemplo 1
Imagine que você tenha pedido para que o Wilson preparasse os slides da sua apresentação para a reunião com um importantíssimo novo cliente em potencial e, ao faltar somente dez minutos para o início da reunião, você descobrisse que o Wilson, além de não ter preparado nenhum slide, ainda por cima não passou para ninguém fazer e não foi trabalhar.

1º ponto de vista – o seu ponto de vista

Como você se sente? Muito provavelmente você fica "p🔔" da cara com ele, você fica com raiva, fica muito, muito bravo, nervoso...

Quando olha para a situação do seu ponto de vista, você tem todas as suas emoções, ok?!

2º ponto de vista – o ponto de vista do outro

Agora, se você fosse olhar para tudo o que aconteceu do ponto de vista do Wilson e descobrisse que ele ontem, ao sair da empresa, escorregou e quebrou o braço. E que, ao chegar em casa, descobriu que a filha estava muito doente, com febre muito alta e chorando de dor... e que ele passou a noite no hospital com ela. E, por conta de tudo isso, ele acabou se esquecendo completamente do compromisso com você. O que você sentiria?

Quando olha para a situação do ponto de vista do Wilson, você tem as emoções dele (empatia).

3º ponto de vista – o ponto de vista neutro

Agora, vamos imaginar tudo isso que eu descrevi anteriormente, mas com você vendo a cena de fora, como se fosse um filme... O que você pensaria? Como analisaria a situação? O que sentiria? Você ficaria "p🔔" da cara como ficou no primeiro ponto de vista?

Percebe que, quando você vê a cena do ponto de vista neutro, você tem muito mais domínio da situação, muito mais domínio das suas emoções?

Exemplo 2

Imagine que você foi convidado para dar uma palestra num evento superimportante dentro da sua área e que ficou muito feliz com essa oportunidade; mas, como é algo que pode gerar um impacto grande na sua carreira, posicionamento e negócio, você realmente precisa se preparar de forma estratégica e assertiva. Ou seja, essa oportunidade o deixa feliz e tenso ao mesmo tempo.

Eis que chega o grande dia e você olha para trás e vê que se preparou da melhor forma possível, que devorou e aplicou tudo o que aprendeu neste livro, que fortaleceu sua autoestima e autoconfiança, que fez o treinamento Efeito UAU, treinou em casa várias vezes... Você está realmente preparado, sem dúvida nenhuma.

Imagine que você já esteja atrás do palco, microfonado com um headset, aquele microfone estilo Madonna. Você está com um look incrível e se sente confortável com ele! E, então, você ouve o mestre de cerimônias falar de você e, em cinco segundos, você já não estará mais atrás do palco, mas, sim, olhando para milhares de pessoas que estão no evento... Você estará no palco sendo observado e analisado (sim, isso acontece quando você está num palco)... E aí...

1º ponto de vista – o seu ponto de vista

Você começa a pensar: *Será que vai dar certo? E se eu me esquecer de algo? E se as pessoas não gostarem e começarem a se levantar e sair enquanto eu falo?...*

O que vai acontecer com você?

Você se lembra do que eu expliquei no Capítulo 2: "Um pensamento gera um sentimento, que gera um comportamento, que conduz ao resultado"? Pois é, se você começar a pensar: *Será que vai dar certo? E se eu me esquecer de algo? E se as pessoas não gostarem e começarem a se levantar e sair enquanto eu falo?*, quais serão os sentimentos? Medo, insegurança, ansiedade...

Quando você tem esse tipo de sentimento, seu corpo gera os "famosos" **respondentes emocionais**, sobre os quais você não tem controle. Por quê? Porque eles são acionados pelo seu sistema nervoso simpático.

— Gi do céu, que raios é isso? Respondentes emocionais?

— Sabe quando seu coração acelera e sua boca fica seca? Sabe quando você respira, mas parece que falta ar? Sabe quando parece que você tá mega apertado pra fazer xixi, mas você vai ao banheiro e só faz o "xi"... porque, na verdade, você não estava com vontade de ir ao banheiro, era nervosismo... Sabe quando isso acontece?

Pois é, tudo isso são respondentes emocionais, você não controla!

Pra piorar, suas mãos tremem, sua voz também sai trêmula, sua respiração fica ofegante e você tem branco!

PARASSIMPÁTICO SIMPÁTICO

Parassimpático:
- Contrai a pupila
- Estimula a salivação
- Contrai os brônquios
- Reduz os batimentos cardíacos
- Estimula a atividade do estômago
- Estimula a vesícula biliar
- Estimula o peristaltismo
- Contrai a bexiga
- Promove a ereção

Simpático:
- Dilata a pupila
- Inibe a salivação
- Relaxa os brônquios
- Acelera os batimentos cardíacos
- Inibe a atividade do estômago
- Estimula a liberação de glicose pelo fígado
- Inibe o peristaltismo
- Estimula a produção de adrenalina e noradrenalina
- Relaxa a bexiga
- Promove a ejaculação

Sim, é a bola de neve da desgraça para quem está em um palco. Sim, é o cenário da desgraça e "humilhação" em público (nossa, peguei pesado, hein?! Fiz um drama!).

Sim, as pessoas vão comentar:

"Nossa, ele está nervoso, né?! Deveria ter se preparado! Que amador."

Os mais gentis pensarão:

"Que dó, ele está nervoso."

E nós dois sabemos que você não quer nada disso, não é mesmo?

Mas por que isso acontece?

Porque, todas as vezes que você estiver "associado", vendo do seu ponto de vista, você sentirá todas as emoções. Todas! Tanto as positivas como as negativas. Por isso, além de controlar os pensamentos e ouvir sua voz UAU, e não a sua voz sabotadora (como já aprendeu no capítulo anterior), você também pode mudar seu ponto de vista.

— Mas, Gi, tenho uma dúvida... E se eu pensar: Nossa, estou muito feliz! Me sinto realizado! Que honra! Que orgulho! Batalhei tanto e chegou o dia! Estou aqui neste evento tão importante! Sou muito grato! Eu não posso estar no meu ponto de vista e ter sentimentos positivos como gratidão, orgulho, felicidade?

— Sim, pode, e isso muito provavelmente vai acontecer! Qual é o cuidado que você tem que ter aqui? É não deixar essas emoções crescerem demais a ponto de você se emocionar, por exemplo: o coração acelerar de alegria, os olhos se encherem de lágrimas... Entende?!

2º ponto de vista – o ponto de vista do outro

E se você fosse olhar para tudo o que está acontecendo do ponto de vista do público? E se você começasse a pensar: *Essas pessoas viajaram de longe, deixaram casa, trabalho... estão investindo dinheiro e tempo para estarem aqui neste evento... e eu vou honrar cada minuto da vida de cada uma! Vou gerar valor! Eu decido dar a minha cara ao sol* (falaremos disso no Capítulo 11), *eu decido brilhar e iluminar! Eu domino o que vou falar e vou contribuir abundantemente e de forma estratégica com cada uma dessas pessoas!*

O que você sentiria? Empatia pelo público, manteria o foco nele! E não em você!

E, se você analisar bem os pensamentos que escrevi para o segundo ponto de vista deste exemplo, perceberá que há uma mistura do 1º ponto de vista, com pensamentos UAU, e do 2º ponto de vista, com pensamentos empáticos e com foco no outro!

3º ponto de vista – o ponto de vista neutro

Agora, do exemplo que estamos trabalhando, neste ponto de vista você teria a seguinte imagem:

Visualize uma câmera que filma tudo de cima... É como se você estivesse vendo um "filme" que mostra você atrás do palco com os pensamentos descritos no 2º ponto de vista. Vendo tudo desse ângulo, de forma "desassociada" e não mais "associada" nem ao seu ponto de vista nem ao ponto de vista do outro, você está com uma postura poderosa e confiante, com os ombros bem abertos, cabeça erguida, respiração profunda e consciente. Você vê a audiência com caderno e caneta na mão, pronta para anotar insights e aprendizados; você vê o público aguardando a sua entrada.

O que você sentiria? Energia e tranquilidade e, ao mesmo tempo, domínio absoluto das emoções!

Perceba que, quando você vê do 3º ponto de vista, consegue ter muito mais controle das suas emoções. É como se pudesse ser o diretor desse "filme". E, conforme vê as cenas, você, inclusive, pode ir dirigindo e dizendo a si mesmo: *Você está ótimo! Pode melhorar um pouco mais a sua postura... Isso, ficou UAU! Agora é com você, vá lá e brilhe! Arrase!*

— Mas, Gi, como praticar isso?

— É um exercício mental, puramente mental! Você terá que fazer o movimento de navegar pela tripla percepção da realidade sempre que necessário (falo mais sobre isso no livro *Autoestima como hábito*). Quando for estratégico, você se colocará no seu ponto de vista ou no do outro e assim por diante. Não existe um ponto de vista melhor que o outro, o grande segredo está em você aprender a navegar pelas três posições.

Como prometi uma história "tensa", vou te contar...

Era começo de 2016, e eu estava participando de um grupo de mastermind (que consiste em empresários com um mentor que se reúnem com certa frequência para discutir sobre negócios, neste caso marketing digital). Eu era nova nesse mundo, apesar de já ter muita experiência na área corporativa e no desenvolvimento de pessoas, o mundo de gravar vídeos e vender cursos on-line (infoprodutos) era completamente novo para mim.

As pessoas que participavam desse grupo, quase em sua maioria, tinham mais experiência e resultados do que eu; sendo assim, se elas me falassem algo, eu obedecia. Exemplo: certa vez, estava gravando vídeos sobre como vencer os medos de se expor e dando dicas de persuasão e oratória para fazer apresentações de impacto, quando uma empresária bem experiente disse: "Não, não faça isso. Se você falar isso, as pessoas não vão comprar de você, porque já têm de graça. Fale de temas mais amplos". Como eu te disse, tudo era muito novo para mim e então eu obedeci a ela e me lembro de que um dos vídeos que gravei após esse feedback foi sobre empreendedorismo feminino.

Naquela época, eu já destravava as pessoas para levarem sua mensagem, quer fosse no palco, quer fosse numa sala ou diante de uma câmera. Num belo dia, no grupo do WhatsApp onde todos os participantes estavam, inclusive o mentor e essa empresária, eis que uma amiga (vou chamá-la de Amanda) envia uma mensagem assim:

> **Amanda**
> Gente, estou meio travada, sempre fui jornalista e estava acostumada a gravar vídeos no estilo TV e não YouTube. Alguém pode me ajudar?

Eu respondi:

> **Gi**
> Claro! Te ajudo com certeza! Me envia um vídeo seu que te dou um feedback!

Fiz isso na melhor das boas intenções, mas, de repente, o mentor (vou chamá-lo de Felipe) manda uma mensagem em áudio no grupo (como estamos num livro, vou transcrever):

> **Felipe**
> Gi, manda um ou dois vídeos seus aqui pra galera dar uma olhada. Porque você é a "bam bam bam" do negócio, está dando até feedback. Eu queria realmente ver a sua performance. Manda aí que eu estou doido pra ver.

Eu, por minha vez, era tão nova nisso que nem sabia pegar o link de um vídeo pelo celular e mandar pelo WhatsApp.

> **Gi**
> Espera um minuto. Vou pegar o link e já mando aqui! Eu nunca fiz isso, tenho que aprender como manda o link pelo celular 😅😅😅

Abri meu canal do YouTube e procurei o link daquele vídeo de empreendedorismo feminino (pois, afinal, eu tinha recebido a orientação para falar de temas mais amplos) e mandei!

Eis que vem outro áudio...

> **Felipe**
>
> Fala, Gi, show de bola! Você parece superconfortável na câmera! E parabéns por entrar em campo. A pergunta que eu deixo é a seguinte: qual problema você solucionou nesse vídeo? Foi interessante, mas eu olharia no seu conteúdo uma dica UAU (P.S.: Eu abria meus vídeos dizendo: "UAU, seja bem-vindo a este vídeo de hoje..."). Eu fico me perguntando: será que não foi uma dica normal? O que tem de diferente nisso? Outra coisa, o seu nicho imagino que seja falar em público... mas eu não sei; você tem uma "p🔔" entrega... só toma cuidado pra não colocar chantili num bolo de lama. O bolo é o conteúdo, eu achei que faltou substância. Você ainda não ganhou o meu respeito pelo seu conteúdo. Mas acredito que você seja muito boa. Me manda um vídeo que me faça cair da cadeira. Não espero nada menos de você, Gi!

Pausa para o susto que levei na hora! Me lembro da sensação como se fosse hoje... Mas, antes de falar da minha sensação, me conte... se fosse com você, o que você sentiria? O que você pensaria? O que você faria?

Eu senti uma parte do meu corpo na minha mão (e, no caso, não era meu coração). Até que comecei a ouvir a minha águia (a minha voz UAU se chama águia) e não meu pernilongo (a minha voz sabotadora se chama pernilongo).

Peguei um flip chart e escrevi:

Missão:
Fazer um vídeo que faça o Felipe cair da cadeira!

Peguei meu notebook, coloquei a música-tema do filme *Tropa de elite* que diz "agora o bicho vai pegar", soltei essa parte da música enquanto gravava o áudio no WhatsApp e, logo em seguida, eu disse: "Me aguarde, Felipe".

Peguei meu celular, coloquei no tripé, olhei para o flip chart, revi a missão do vídeo, olhei bem "no olho da câmera" e comecei a gravar. O que saiu foi o vídeo que compartilho no QR Code ao lado. Escaneia com o seu celular e confira.

Após isso, eis que vem:

> **Felipe**
> Parabéns, Gi! Você conquistou cinquenta por cento do meu respeito! Agora vai lá e grava mais 120 desse. Um por dia! Ou melhor, 365, aí você ganhará os outros cinquenta por cento.

Enfim, depois disso, eu fiz 365 vídeos para meu canal do YouTube, um por dia por um ano inteiro! E hoje continuo gerando conteúdo de valor na internet! E literalmente vivendo: **hoje melhor do que ontem, hoje melhor do que ontem... sempre!**

Pronto! Aqui estão as seis técnicas extremamente práticas e poderosas para controlar as emoções ao se expressar! Pode utilizar todas elas que tenho certeza de que você terá um resultado muito bom! Só se lembre de que o cérebro aprende por repetição e permita-se viver hoje melhor do que ontem, hoje melhor do que ontem... sempre!

ANÁLISE DO MÉTODO EFEITO UAU

> 🔍 Comecei o capítulo trazendo uma pitada camuflada de autoridade quando escrevi:
>
> "Vou compartilhar com você as seis técnicas extremamente práticas e poderosas que já usei e testei ao longo da minha carreira (e olha que a carreira é longa, se contarmos que entrei para a faculdade de psicologia em 1997, faça as contas... Faz bastante tempo!)".
>
> Em vez de eu ficar falando:
> "Sou psicóloga formada, com muitos anos de experiência. Nestes anos todos, eu pesquisei, estudei e realizei muitos trabalhos que me proporcionaram chegar a este método... e blá-blá-blá...".
> Sem contar que, ao escrever "em 1997, faça as contas", eu deixo o livro "atualizado".

— Como assim, Gi?
— Pensando que eu escrevi este livro em 2023, eu poderia ter escrito: estudo psicologia há 26 anos. Mas o que aconteceria no ano de 2024? O livro estaria desatualizado, pois em 2024 a frase correta seria: estudo psicologia há 27 anos... e assim por diante! Então, além da pitada camuflada de autoridade, ainda tem essa técnica extra para você!

> 🔍 Ainda no começo do capítulo, utilizei novamente a técnica de agrupamento e elevei a expectativa para o final:

"E se prepare, pois a sexta técnica vai ser um divisor de águas na sua vida, não só para quando você estiver se expressando profissionalmente, mas na sua vida como um todo!".

🔍 Trouxe mais autoridade para o conteúdo citando três grandes profissionais para corroborar o que eu escrevi neste capítulo: Viktor E. Frankl, Carol S. Dweck e Roberto Lent.

🔍 Trouxe a analogia da muda de amora e do vaso de bonsai.

🔍 Trouxe um exercício prático com a técnica da respiração e sugeri a música para você ouvir durante a técnica.

🔍 Utilizei imagens para materializar o que estava dizendo e deixar o conteúdo ainda mais concreto.

🔍 Elevei a expectativa para o Capítulo 6, quando vamos falar de comunicação não verbal.

🔍 Gerei interação usando mais uma vez a técnica do Quiz UAU (no Capítulo 9, explicarei passo a passo), quando perguntei:

"O que mais importa numa apresentação? O que mais importa ao expressar suas ideias? O que mais importa ao levar sua mensagem?
A. Ser entendido.
B. Ser reconhecido.
C. Ser aplaudido.
D. Gerar valor para o público".

> 🔍 Contei a história de um jeito envolvente, gerando curiosidade e interesse para você chegar até o fim dela, e ainda coloquei um QR Code com conteúdo extra (se lembra do *overdelivery*?!).

Quais foram seus três principais aprendizados até aqui?

....
....
....
....
....
....
....
....
....
....

  E o convido a compartilhar comigo quais foram seus aprendizados! Isso é muito importante, porque assim eu saberei não só o seu feedback, mas também que esta leitura está gerando um valor verdadeiro na sua vida!

leitor_ 1 min
ControleEmocional#valor
♡
7
Responder

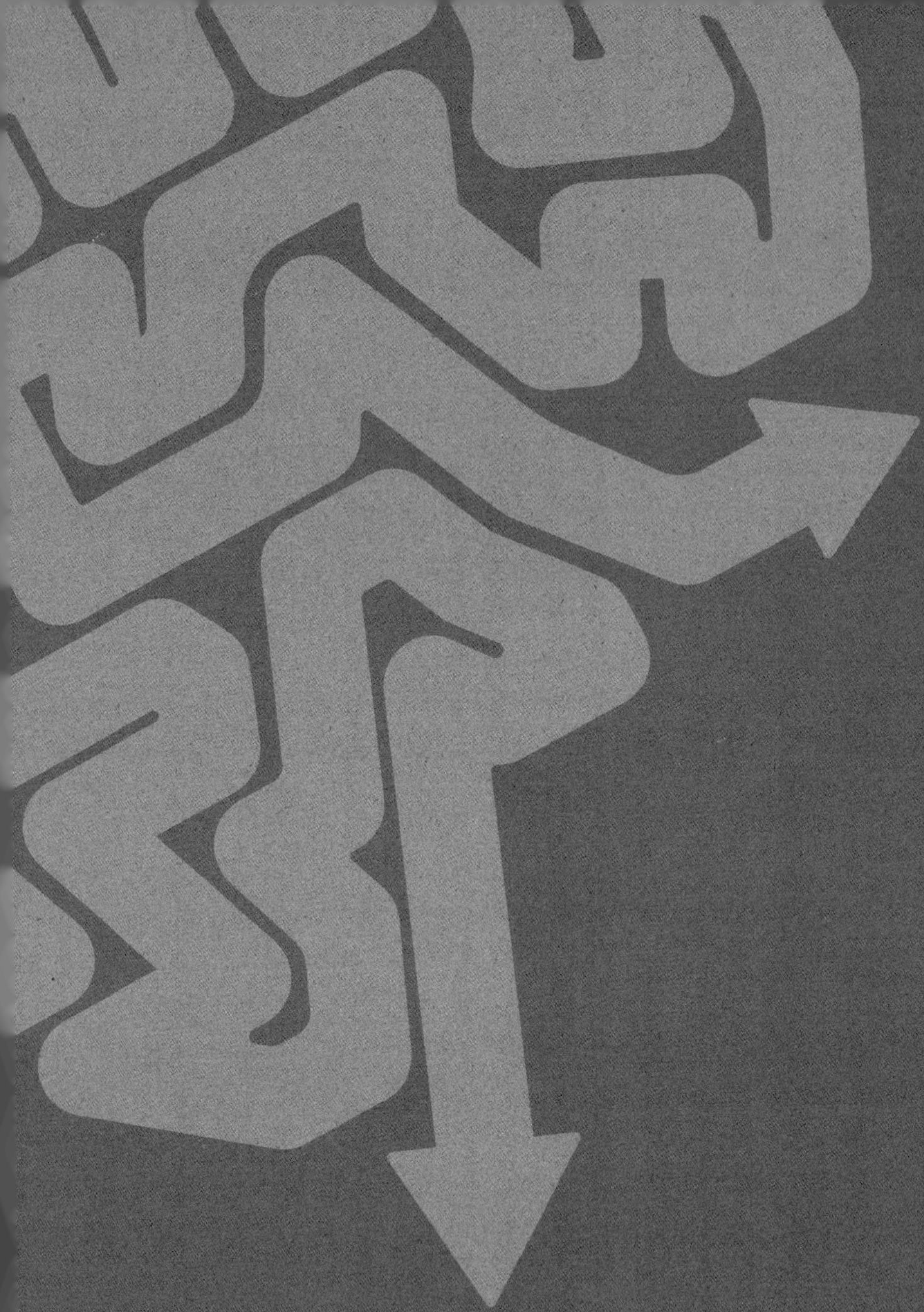

PARTE II

Conquistando a atenção e gerando fascínio

Quando se pensa em se expressar de forma poderosa e influenciar pessoas, é necessário fazer com que o público preste atenção à sua fala do início ao fim e compre as suas ideias. Mas como fazer isso de forma natural? Chegou o momento de você descobrir na prática como fascinar a sua audiência desde a introdução até a conclusão da sua apresentação e, detalhe, fazendo isso de forma que as pessoas participem e queiram mais! Prepare-se para ter acesso às melhores técnicas para organizar suas ideias e orquestrar a narrativa da sua apresentação!

CAPÍTULO 4

Como usar da psicologia e da neurociência para fazer o público prestar atenção em você do início ao fim da sua fala

> Toda pessoa pode ter um Efeito UAU falando em público. Toda pessoa pode!
> — *Gislene Isquierdo*

Trago verdades: não existe conteúdo chato, existem pessoas que ainda não dominam a arte do Efeito UAU e por isso fazem apresentações chatas. Toda apresentação, palestra, aula pode ser UAU; sim, toda!

Ao relembrar as aulas a que você já assistiu ao longo da vida, com certeza teve alguma disciplina que, em um determinado ano, você odiava e num outro ano, quando trocou o professor, você passou a amar. Eu lhe pergunto: era a disciplina que era chata? Não! Era o professor que não sabia dar aulas UAU!

Vou lhe contar a história do Pedro Sobral, mas do presente para o passado...

No dia em que escrevo este livro para você, Pedro é um empresário da área da educação, uma pessoa apaixonada em ensinar e contribuir. Um professor UAU que encanta e fideliza seus alunos e clientes. Na sua plataforma de ensino, Pedro tem mais de trinta e quatro mil alunos recorrentes que pagam por ano R$ 1.000,00 (faça as contas de quanto isso dá de faturamento anual; detalhe, estou falando de um único produto que ele tem dentro da sua empresa, fora todos os outros) para ter acesso a ela.

Atualmente, ele ministra várias palestras pelo mundo e já foi eleito o melhor palestrante em vários eventos internacionais, concorrendo com mais de sessenta pessoas. Além disso, desde setembro de 2018, Pedro semanalmente dá uma aula on-line e ao vivo. Ele fala com fluência e naturalidade em qualquer contexto, domina a arte de falar bem e influenciar pessoas, mas nem sempre foi assim.

Era 29 de junho de 2017, às 8h59, quando, pela primeira vez, recebi uma mensagem de bom-dia no meu WhatsApp:

> **Pedro Sobral**
> Booooom dia 🌞🌞

Pedro era um jovem de 21 anos que estava sendo convidado para dar algumas palestras sobre o tema que dominava: tráfego pago. Porém, ele se sentia completamente desconfortável só de pensar em estar diante de um público e todos estarem olhando para ele.

Ele também tinha um trauma, não gostava da sua voz. E detalhe: a voz dele era (e ainda é) muito bonita, mas havia uma distorção na sua autoimagem referente à própria voz (falamos sobre isso no Capítulo 2).

A pergunta que muitos me fazem é: por que ele tinha esse trauma? Por que ele tinha essa autoimagem distorcida?

Quando Pedro estava no ensino médio, ele levantou a mão para fazer uma pergunta para o professor no meio da aula e, assim que acabou de fazê-la, todos começaram a rir da sua voz. Pronto! Trauma instalado.

O que eu fiz no programa de mentoria individual com o Pedro foi exatamente o que estou partilhando com você neste livro, e é exatamente o que trabalho no treinamento on-line Efeito UAU. Começamos abordando os três aspectos ligados ao "eu", ele superou o trauma de forma leve e, quase sem perceber, já estava com sua autoimagem congruente, com a autoestima fortalecida e o autoconhecimento bem trabalhado.

> Lembre-se: nós não somos os traumas do nosso passado.

No nosso primeiro encontro, ele me contou que estava recebendo convites para dar palestras e que sempre acabava dizendo não, mas sabia que esses convites traziam em si grandes oportunidades de crescimento profissional, as quais não queria mais perder. Começamos, então, a montar a sua primeira palestra, foi aí que perguntei a ele:

— O que é tráfego pago?

E ele me explicou:

— É fazer propaganda na internet. Tráfego pago é geração, coleta e análise de dados.

Eu respondi:

— Hum... que chato isso, né?! Espera um pouco. — Eu estava apertada para ir ao banheiro fazer o número um e continuei dizendo: — Vou fazer xixi e já volto... — Sou dessas que, quando você já dá um pouco de liberdade, eu aviso que vou ao banheiro! Minha mãe sempre tentou corrigir isso em mim, mas não deu muito certo.

Fui ao banheiro e lá tive uma ideia! Eu não sei se você conhece alguém que tem ideias fazendo xixi ou tomando banho, mas eu sou assim! Enfim, voltei do banheiro e disse:

— Tive uma ideia... Tráfego é Gecó e Ana! Ge de geração, Có de coleta e Ana de análise!

Pronto, a palestra de tráfego pago, antes chata, agora tinha uma história e personagens. Ela estava humanizada. E assim criamos os personagens para explicar de forma didática o que é tráfego pago! Me lembro de que a palestra foi um sucesso tão grande que concorrentes do Pedro começaram a usar a mesma explicação (sem citar a fonte, é claro, mas faz parte do jogo).

Pouco mais de um ano depois, lá estava o Pedro Sobral palestrando no maior evento de Marketing Digital do Brasil, o FIRE Festival, organizado por uma grande empresa chamada Hotmart. E, para essa palestra, fizemos uma nova mentoria focada cem por cento nela. E adivinha: a palestra foi votada como sendo a melhor entre os mais de sessenta do evento, e nele havia palestrantes muito experientes. Foi UAU demais!

As sessões da mentoria com o Pedro, assim como a série que fiz analisando a palestra dele, estão no meu canal do YouTube. Você pode conferir na íntegra por lá! É só escanear o QR Code ao lado!

Mas o que está por trás da estratégia que gerou esse resultado?

O que está por trás é um dos princípios básicos da psicologia e da neurociência: gerar o estado de *flow*, essa é a estratégia para fazer o público prestar atenção em você do início ao fim da sua fala.

— Gi, o que é estado de *flow*?

Estado de *flow* é um estado mental em que corpo e mente fluem em harmonia. Sabe quando você está fazendo algo e não percebe a hora passar? Isso acontece porque você estava em estado de *flow*!

Flow é um estado de excelência composto por quatro pontos:

1. Alta motivação: você realiza algo de forma extremamente animada.
2. Alta concentração: você realiza algo com foco total a ponto de não perceber suas necessidades fisiológicas, por exemplo, você nem percebe que está com fome.

3. Alta energia: as horas passam e você não sente cansaço físico durante a realização da atividade e se mantém alerta.
4. Alto desempenho: você realiza a ação, dando a sua melhor versão.

No Capítulo 1, eu trouxe uma frase na qual eu dizia que "tempo é vida", você se lembra? Agora, quero acrescentar mais um aspecto à minha definição de tempo:

Tempo é uma percepção emocional, não matemática.

Dez minutos de uma aula chata podem parecer uma hora. E uma hora de uma aula UAU pode voar como se fosse menos que dez minutos. Um dia ao lado de quem você ama e fazendo o que você gosta voa. Dez minutos ao lado de uma pessoa chata e fazendo algo de que você não gosta parecem uma eternidade.

Por isso, eu repito:

Tempo é uma percepção emocional!
Gerar o estado de *flow* é mexer com a percepção do tempo.

Uma vez que você domina a arte de gerar o estado de *flow*, "nem o teto te segura!".

— Ok, Gi, entendi o que é *flow*. Mas agora te pergunto: como posso gerá-lo?

Vou responder de forma rápida e nos próximos capítulos vou aprofundar a resposta. A forma de gerar o estado de *flow* é alternando o estado emocional do público durante a sua fala. Quando isso não é feito, fica monótono e dá sono, ou as pessoas se dispersam, pegam o celular e a mente delas vai para qualquer lugar, menos para a sua fala.

Talvez na sua trajetória, assim como na do Pedro, pode ter havido momentos que geraram marcas negativas que agora, talvez, possam estar impactando negativamente o seu desempenho ao falar em público.

Você se recorda de que na "Carta ao leitor" deste livro você fez um exercício no qual eu pedi que se lembrasse das pessoas que o marcaram positivamente e que mais pra frente eu traria o tópico de quem o marcou negativamente? Pois é, esse momento chegou.

Para falar sobre essas pessoas, vou trazer outra frase que repito com frequência nas minhas aulas e palestras:

"Nada é o que é até você atribuir um significado".

Essas pessoas que deixaram algum tipo de marca negativa na sua história, esses acontecimentos, receberam um significado. E chegou a hora de mudar isso, chegou a hora de ressignificar; afinal, nós não somos os traumas do nosso passado!

Será que você estaria onde está hoje se não tivesse passado por essas situações? Será que você seria a pessoa UAU que é hoje? Será que estaria aqui se desenvolvendo neste momento? Muito provavelmente não. Por isso, neste momento, olhe para essas pessoas e situações com um olhar de:

Eu sou mais forte que isso.
Eu sou UAU.
Eu escrevo a minha história.
Eu faço acontecer.

Agora, como alternar o estado emocional, como gerar diferentes emoções nas pessoas que te assistem, que te ouvem?

Nos próximos capítulos, vamos ver isso de pertinho, afinal vamos aprender como montar uma Introdução UAU, como elencar as ideias no Assunto Central de forma UAU e como fazer uma Conclusão UAU, tudo isso focado no RESULTADO que você quer alcançar! Todo o método Efeito UAU é focado em gerar valor e *flow* no público... Mas, antes de irmos para o Capítulo 5, quero lhe dizer que se o Pedro conseguiu superar todas as suas dificuldades e hoje arrasa levando a sua mensagem, você também pode!

ANÁLISE DO MÉTODO EFEITO UAU

🔍 Abri o capítulo com uma frase inspiradora e, logo em seguida, trouxe algo que gera incômodo e curiosidade:

Inspiração:
"Toda pessoa pode ter um Efeito UAU falando em público. Toda pessoa pode!"

Incômodo:
"Trago verdades: não existe conteúdo chato, existem pessoas que ainda não dominam a arte do método Efeito UAU, e por isso fazem apresentações chatas".

🔍 Depois de gerar incômodo, eu trouxe algo que praticamente acabou com as objeções e possibilidades de leitores que possam não ter concordado com minha fala anterior:

"Ao relembrar as aulas que você já teve ao longo da vida, com certeza teve alguma disciplina que, em um determinado ano, você odiava e num outro ano, quando trocou o professor, você passou a amar. Eu lhe pergunto: era a disciplina que era chata? Não! Era o professor que não sabia dar aulas UAU!".

Quando você for trazer na sua fala algo que gere incômodo, coloque logo em seguida algo que acabe com ele e gere concordância.

🔍 Trouxe a história do Pedro Sobral do presente para o passado. Você imagina o porquê disso? Porque, assim, mesmo que o leitor não o conheça nem nunca tenha ouvido falar desse empresário, ele pensará: *Nossa! UAU, hein!*

🔍 No meio da história, eu citei o que havia escrito no Capítulo 2, porque assim, caso algum leitor tenha pulado o capítulo e tenha vindo direto para este (porque o título foi mais interessante para ele), neste momento eu gero o interesse de ele voltar lá e ler o capítulo que já passou!

🔍 Você pode utilizar essa mesma técnica num curso on-line, por exemplo.

🔍 A forma de contar história também é estratégica, e nela eu faço você entrar dentro da história. Um dos momentos que faço isso é quando eu escrevo o seguinte:

"Hum... que chato isso, né?! Espera um pouco (eu estava apertada para ir ao banheiro fazer o número um e continuei dizendo), vou fazer xixi e já volto... (eu sou dessas que, quando você já dá um pouco de liberdade, eu aviso que vou ao banheiro! Minha mãe sempre tentou corrigir isso em mim, mas não deu muito certo!).
Fui ao banheiro e lá tive uma ideia! Eu não sei se você conhece alguém que tem ideias fazendo xixi ou tomando banho, mas eu sou assim! Enfim, voltei do banheiro e disse...".

Vamos nos aprofundar em como contar histórias de forma UAU no Capítulo 6. Aguarde!

🔍 Mais uma vez, entreguei a mais e deixei gosto de quero mais quando citei que tem vídeos no meu canal do YouTube em que mostro as sessões de mentoria com o Pedro Sobral e a análise da sua primeira palestra no palco do FIRE Festival, em 2019.

🔍 Citei novas frases autorais como:
"Tempo é uma percepção emocional!
Gerar o estado de *flow* é mexer com a percepção do tempo.
Nada é o que é até você atribuir um significado".

🔍 Gero conversa com você quando utilizo a técnica da pergunta:
"Ok, Gi, eu entendi o que é flow. Mas agora eu te pergunto: como eu posso gerá-lo?".

🔍 E termino o capítulo deixando uma janela aberta, com vontade de continuar a leitura e ainda te inspirando, te motivando:

Janela aberta:
"Vou lhe responder de forma rápida, e nos próximos capítulos vou aprofundar a resposta".

Vontade de continuar:
"Nos próximos capítulos, vamos ver isso de pertinho, afinal vamos aprender como montar uma Introdução UAU, como elencar as ideias no Assunto Central de forma UAU

e como fazer uma Conclusão UAU, tudo isso focado no RESULTADO que você quer alcançar!"

Motivando:

"Mas, antes de irmos para o Capítulo 5, quero lhe dizer que, se o Pedro conseguiu superar todas as suas dificuldades e hoje arrasa levando a sua mensagem, você também pode!"

Quais foram seus três principais aprendizados até aqui?

....
....
....
....
....

E o convido a compartilhar comigo quais foram seus aprendizados! Isso é muito importante, porque assim eu saberei não só o seu feedback, mas também que esta leitura está gerando um valor verdadeiro na sua vida!

leitor_ 1 min
EstadodeFlow#valor
Responder

♡
7

CAPÍTULO 5

INTRODUÇÃO – Como montar uma introdução UAU e conquistar a audiência logo no início da sua fala

> Não existe essa de quebrar o gelo numa apresentação de impacto. Chegue chegando de forma estratégica e persuasiva.
> — *Gislene Isquierdo*

A introdução é a parte mais importante de uma apresentação. É nela que você tem que conquistar seu público e despertar o interesse para que ele continue ouvindo você. Mas como fazer isso se é nela que acontece a maior descarga de adrenalina? Se é nela que o coração acelera, a respiração fica mais ofegante e o corpo transpira mais que o normal? Como fazer isso se é na introdução que a pessoa fica mais nervosa, tensa, ansiosa? Como é possível, em meio a essa avalanche emocional, fazer uma introdução UAU?

Para responder a essas perguntas, vou afirmar que o essencial está nos Capítulos 2 e 3 deste livro e que, após ter todas as suas emoções sob seu domínio, você vem para este e aplica as técnicas para fazer uma introdução estratégica e poderosa!

Vou compartilhar oito técnicas para você utilizar logo na abertura da sua apresentação, e também três pontos de atenção (no terceiro, trarei erros para você não cometer de forma alguma) para você arrasar. Mas antes quero lembrá-lo de que sempre é preciso manter no seu radar que falar em público é gerar valor para o outro e conexão com o outro, além de ser uma competência cem por cento possível de ser desenvolvida por qualquer pessoa, mesmo as mais tímidas e inseguras.

Vamos às técnicas! E já fique sabendo que todas elas podem ser utilizadas em diferentes contextos: reuniões, vídeos, aulas, palestras, lives, apresentações de projetos ou seminários, treinamentos, entre outros.

Quando eu der exemplos de introduções que utilizei em vídeos, saiba que eles servem para palestras, aulas, podcasts, treinamentos, aulas, enfim, para qualquer contexto.

1ª TÉCNICA – APRESENTAR O RESULTADO

Chegue chegando e já contando qual é o resultado que a sua fala vai proporcionar na vida de quem está te ouvindo. A cada dia que passa, a vida das pessoas está mais corrida e concorrida, elas não têm tempo a perder. Por isso, se você quiser conquistar a atenção e o interesse delas, já diga logo de cara o que você vai proporcionar.

Exemplos

"Nesta reunião, vou partilhar com vocês duas ferramentas que nosso time testou no último mês e que possibilitaram 40% de aumento nas conversões em vendas para que você também possa aplicar dentro da sua área." (Introdução que apliquei com o time da UAU Educação Online.)

"Como vender uma ideia. Não importa qual é a sua ideia, com esses quatro passos que eu vou passar, quatro estratégias validadas pela psicologia e pela neurociência, você vai conseguir fazer com que o outro compre a sua ideia..." (Introdução retirada de um vídeo do meu canal no YouTube, escaneie o QR Code ao lado para assistir a ele.)

"Nesta palestra, vou revelar como você pode fazer para potencializar a sua comunicação e ter resultados UAU nos seus relacionamentos profissionais e pessoais." (Trecho que utilizei numa palestra corporativa.)

"Como ter uma presença de palco impecável na hora de se apresentar diante de um público. Neste episódio de hoje, eu vou trazer pra você cases reais, onde pessoas erraram, os que erraram feio eu não vou mostrar, combinado?! Mas alguns acertos eu vou mostrar pra você ter modelo do que fazer na hora de um palco, pra você ter uma postura perfeita, só que ao mesmo tempo espontânea. Para trazer esse tema pra você, eu orquestrei em quatro pilares pra você aplicar todas as vezes que você for falar diante de um público e você estiver num palco..." (Introdução retirada de um vídeo do meu canal no YouTube, escaneie o QR Code ao lado para assistir a ele.)

2ª TÉCNICA – RESULTADO EM FORMA DE PERGUNTA

Pense na estratégia anterior, mas, em vez de afirmar, você fará uma pergunta.

Exemplos

"Como o estresse influencia a neuroplasticidade e quais são as suas consequências na aprendizagem de adultos?" (Introdução que utilizei na apresentação de um projeto de pesquisa durante a especialização em Neurociências.)

"Persuasão e influência. O que fazer pra convencer alguém do seu ponto de vista? O que fazer pra você ser naturalmente uma pessoa mais persuasiva e influente? Vem comigo que eu vou te contar..." (Introdução retirada de um vídeo do meu canal no YouTube, escaneie o QR Code ao lado para assistir a ele.)

"Como dar feedback corretivo e deixar seu liderado feliz e grato por isso? Como conseguir que sua equipe faça exatamente o que você quer que ela faça? E mais, da forma que você quer que ela faça e dentro do prazo? Neste treinamento, trarei para você seis fundamentos da psicologia e da neurociência para você ser um líder UAU e ter uma equipe de alta performance." (Trecho da abertura de um dos módulos do treinamento "Liderança UAU".)

"Como fazer um bom discurso? Como fazer um discurso impactante? Esse é o tema do nosso episódio de hoje e, pra trazer essa resposta, eu vou elaborar em cinco pilares; o quinto pilar é o mais importante de todos..." (Introdução retirada de um vídeo do meu canal no YouTube, escaneie o QR Code ao lado para assistir a ele.)

3ª TÉCNICA – PERGUNTA QUE INSTIGA IDENTIFICAÇÃO

Pense no resultado que a sua apresentação vai gerar, pense no tema central da sua fala e o transforme em perguntas que instiguem identificação ou interesse. Pensando em persuasão, o nosso objetivo é que a pessoa que está assistindo responda sim ou que seja instigada a assistir a tudo para descobrir a resposta.

Exemplos

"Conhece alguma família que tem dificuldade para lidar com o comportamento dos filhos adolescentes? Conhece algum pai ou mãe que se questiona:

será que eu estou fazendo certo?" (Introdução utilizada por uma aluna do meu treinamento Efeito UAU em uma de suas palestras para pais.)

"Será que é possível qualquer pessoa falar em público? Mesmo aquela pessoa mais tímida? Mesmo aquela pessoa mais introvertida? Será que é realmente possível ela falar bem diante de um público? E será que já é possível que uma pessoa que fala bem levar a sua comunicação pro nível do UAU?" (Introdução retirada de um vídeo do meu canal no YouTube, escaneie o QR Code ao lado para assistir a ele.)

5ª TÉCNICA - AGRUPAMENTO

Eu adoro essa técnica, ela é muito importante! Talvez você tenha reparado que, durante este livro, eu a utilizei diversas vezes com você.

— Mas por que essa técnica é tão importante, Gi?

Antes de dizer o motivo, talvez você tenha reparado que eu "pulei" um número... Essa técnica é a quarta, e não a quinta. Sim, eu "'errei" de propósito! E esse é o poder do agrupamento: você diz para o seu público um número e ele passa a contar com você.

Vamos imaginar que eu estivesse ensinando isso a você em um curso presencial e que, na abertura da aula, eu tenha falado: "Vou compartilhar oito técnicas para você utilizar logo na abertura da sua apresentação..."; mas imagine que, enquanto eu explicava, você anotava tudo e que, na 3ª técnica, você tenha saído para ir ao banheiro... Imagine que, quando você tenha retornado para a sala, eu já estivesse na 5ª técnica. O que você faria? Muito provavelmente você perguntaria para o colega ao lado: "Qual foi a 4ª técnica? Eu não consegui anotar". Utilizar agrupamento gera um comprometimento maior do público em prestar atenção a sua fala e uma necessidade em anotar o que você está partilhando! Além disso, o nosso cérebro aprende muito melhor e retém a informação por muito mais tempo quando utilizamos o agrupamento.

Exemplos

"Vou compartilhar com você as seis técnicas extremamente práticas e poderosas que já usei e testei ao longo da minha carreira..." (Abertura do Capítulo 3 deste livro.)

"Nesta reunião, trataremos de sete erros que aconteceram no último mês e aos quais precisamos estar muito atentos daqui para a frente para que não voltem a acontecer." (Trecho da introdução de uma reunião que ministrei com o time da minha empresa.)

6ª TÉCNICA – ELEVAR A EXPECTATIVA

Aqui nós utilizamos a técnica anterior e acrescentamos "elevar a expectativa" para o final. E vou dizer mais: essa técnica pode ser utilizada logo na introdução ou um pouco mais para a frente da sua fala. Vou mostrar isso nos dois exemplos a seguir.

Exemplos

"Três técnicas de neuropersuasão para você ter um Efeito UAU no seu pitch de vendas. A terceira técnica é a mais UAU de todas, vai te fazer vender de forma espontânea, segura e com o mínimo esforço possível..." (Trecho da introdução de uma palestra que ministrei para um grupo de alta performance de empresários do marketing digital.)

"Para que você alcance o RESULTADO que veio buscar com esta leitura, preciso trazer, já na introdução, três pontos para você ter a melhor performance possível, sendo o terceiro ponto." (Trecho retirado do começo da Introdução deste livro, mais especificamente do quinto parágrafo.)

7ª TÉCNICA - ELOGIAR

Você pode abrir o seu discurso elogiando. Essa é uma técnica muito poderosa que gera conexão, mas só com um detalhe: o elogio precisa ser genuíno e verdadeiro.

Exemplos

"Estou muito feliz por palestrar neste congresso com pessoas tão renomadas e comprometidas."

"Quero abrir esta reunião dizendo o quão responsáveis, éticos, comprometidos e ágeis vocês são! Estão de parabéns!"

Neste ponto, quero complementar com algo extra. Algumas pessoas ficam mais tensas no momento da introdução e acabam dizendo: "Nossa, meu coração está saindo pela boca! Estou nervosa por estar aqui". Pelo amor de tudo que é mais sagrado, não faça isso! Diga assim: "Nossa, que público! Meu Deus! Que responsabilidade! Meu coração está acelerado por olhar vocês! Vocês realmente são pessoas acima da curva, estou muito feliz e me sinto honrada por estar aqui". Aí, sim! UAU! Você faz uma introdução UAU, diz que seu coração está acelerado, mas não se diminui; pelo contrário, elogia o público e, nas entrelinhas, está dizendo: "Nossa, eu sou uma pessoa muito boa para estar aqui falando para vocês que são tão UAU"!

8ª TÉCNICA – AGRADECER

Em praticamente cem por cento das vezes, você poderá utilizar essa técnica nas suas falas, já que agradecer é um gesto educado e que gera conexão; no entanto, cuidado com a forma de fazer isso.

— Como assim, Gi?

Imagine que você foi convidado para palestrar num congresso da sua área, num grande evento no qual, inclusive, tinha o sonho de palestrar, e você abre a sua fala dizendo:

"Quero agradecer a oportunidade de estar palestrando aqui, estou muito feliz...".

Essa é uma introdução legal, mas não é UAU. Vamos deixá-la mais UAU?! Imagine que você inicie a sua apresentação dizendo:

"Nossa, que emoção estar neste palco! Este evento é referência no mercado (aqui você está elogiando o evento), e falar neste palco para um público tão seleto (aqui você está elogiando o público) é uma grande honra! Desde já, obrigado por este momento (aqui você agradeceu)".

9ª TÉCNICA – FRASE DE IMPACTO

Pense no tema e no resultado que você quer gerar e, então, escolha uma frase de impacto para iniciar. Essa frase pode ser autoral, pode ser de alguém famoso ou algum trecho de livro, uma passagem bíblica, não importa; mas é uma forma, inclusive, de você "emprestar" a autoridade do autor da frase para abrir a sua fala.

Exemplo

"Viver é a coisa mais rara do mundo. A maioria das pessoas apenas existe. Oscar Wilde. Boa noite a todos (aguarde o público responder e depois continue)! Nesta palestra eu tenho um grande convite para você... Um convite para você viver, viver intensamente, viver uma vida em abundância, viver uma vida UAU! Vou compartilhar quatro pilares e quatro técnicas da psicologia que vão te ajudar nisso..." (Abertura de uma palestra que ministrei em uma igreja.)

— Gi, eu tenho uma dúvida. Essas técnicas podem ser utilizadas juntas? Por exemplo, eu posso usar numa mesma introdução a técnica quatro, a cinco e a seis? Ou melhor não?

Sim, pode e deve. Vamos ao exemplo:

"UAU! Seja bem-vindo a mais este episódio para o seu desenvolvimento! O que fazer e o que não fazer quando você for se apresentar diante de um público. Vou trazer pra você aqui, ó, sete dicas pra você se sair benzaço. Detalhe, essas sete dicas você pode aplicar se você for conduzir uma reunião corporativa, se for dar uma palestra num evento, sei lá, com milhares de pessoas ou só com cinco pessoas. Você pode utilizar se você for fazer um vídeo, se for fazer uma live, se for fazer uma pregação, não importa o contexto. E, detalhe, que eu preciso te dizer que a sétima dica é a cereja, ou melhor, o morango do bolo pra você ter a certeza que você vai se sair bem..." (Introdução retirada de um vídeo do meu canal no YouTube, escaneie o QR Code ao lado para assistir a ele.)

TRÊS PONTOS DE ATENÇÃO

1. Quero destacar que a energia que você traz na sua introdução vai direcionar a energia que sua audiência vai dar para você; assim, se você quer que as pessoas participem, interajam, vai precisar começar a sua fala de uma forma mais animada. Se subir ao palco e falar: "Bom dia", de forma chocha, insossa, a resposta retornará mais chocha ainda! Quer energia? Dê energia antes!

Não existe público chocho e desinteressado, existe palestrante chocho e sem graça, palestrante que não usa o método Efeito UAU na sua comunicação!

2. A verdadeira introdução UAU começa quando você está entrando na sala de reuniões ou subindo no palco... a partir desse momento, sem dizer nada, a sua introdução já está acontecendo. Por isso, cuidado com a sua comunicação não verbal (aprofundaremos o tema no Capítulo 6). E, para contribuir ainda mais com a sua habilidade em fazer introduções de impacto, quero compartilhar um vídeo do meu canal no YouTube (escaneie o QR Code ao lado), em que eu analiso a comunicação da Michelle Obama, no qual, sem ela ter pronunciado uma única palavra, eu já analiso mais de três pontos na sua introdução.

3. Não comece pedindo desculpas nem zombando, tirando sarro ou diminuindo o público.

Exemplos

Pedir desculpas

"Nossa, me desculpem pelo atraso", seguido de alguma justificativa. Esqueça isso! Delete esse tipo de introdução do seu discurso. Você pode trocar esse tipo de frase por: "UAU! Parabéns pela pontualidade da turma, mesmo num dia de chuva como este!". "Turma, obrigada pela compreensão. Atrasamos um pouco, mas agora o audiovisual está funcionando certinho! Bora lá...", e, então, escolha uma das técnicas que aprendeu anteriormente e inicie!

Zombar

Imagine a cena: o palestrante está falando sobre como ter uma boa oratória e, durante a sua fala, ele observa que tem uma pessoa usando camiseta branca e boné preto sentada na terceira fileira. Ele repara que ela tem uma comunicação não verbal que indica que é mais tímida e introvertida. Nisso, o palestrante diz assim: "Você aí na terceira fileira de camiseta branca e boné preto... Vem aqui na frente!". A pessoa, mesmo querendo sumir e tendo um treco, pensa: *Por que eu? Pelo amor de Deus... eu não! Sabia que eu não deveria ter vindo. Eu deveria ter sentado lá no fundo.* E, mesmo assim, se levanta e vai.

O palestrante então diz: "Você é tímido, né?! Pois, hoje, você vai ver como o meu método é poderoso. Eu vou te fazer falar no microfone diante dessas trezentas pessoas que estão aqui".

Como você imagina que essa pessoa se sentiu? Ela se sentiu péssima, exposta e com mais vergonha ainda. Esse tipo de ação por parte de quem está conduzindo uma palestra chega a ser antiética. Por favor, não faça isso!*

Se quiser tirar sarro de alguém na introdução, que seja de você mesmo, e não do público.

Para dar um exemplo de como fazer isso, vou contar uma forma que já utilizei nas minhas introduções quando eu ainda me apresentava no começo da minha fala (você já viu que eu não utilizo mais essa técnica).

Imagine que eu já tenha aplicado as técnicas de introdução e que eu diga o seguinte:

---

* Infelizmente, esse exemplo não é fictício, eu realmente vi isso acontecer. Eu fui convidada para palestrar em um evento de três dias. Minha palestra foi logo no primeiro dia, mas resolvi ficar para poder aprender mais e fazer networking. Era o segundo dia do evento e havia vários palestrantes, e um deles fez exatamente isso. Não bastando, ele ainda trouxe, durante sua fala, piadas machistas e preconceituosas. Eu não aguentei a tortura e saí da sala... Ah! E, é claro, eu não fui a única a sair!

Ok, mas quem é Gislene Isquierdo para falar sobre isso?

Pra começar, você conhece alguma família em que o nome de todos os filhos começam com a mesma letra (aqui as pessoas já riem e já gero conexão com elas)?!

Meu nome é Gislene Isquierdo, mas pode me chamar de Gi, isso vai facilitar a sua vida e a minha (em "rsrsrsrs", ouça a minha voz em um tom mais leve e de bom humor).

Na minha casa, nós somos quatro filhos. A mais velha se chama Gizele. Alguém aqui conhece alguma Gizele? (Nesse momento, eu não preciso dizer "levanta a mão", eu só faço a pergunta e levanto a minha. Quem se identifica com a resposta "sim" acaba levantando a mão assim como eu fiz) *Pois é, Gizele é um nome comum. Mas meus pais são criativos demais...*

A segunda filha se chama Giselda (rsrsrsrs – nesse momento as pessoas dão risada e eu continuo).

Mas não para por aí, não... Depois veio um homem, Gian!

— Ah, Gi, Gian é um nome normal!

Não é não. O nome do meu irmão é Gianclei (rsrsrs – as pessoas riem e eu continuo) *e ainda é Gianclei Donizete (rsrsrs)! Culpa do meu pai (rsrsrs)!*

E, então, veio eu: GIS LE NE IS QUI ER DO (rsrsrsrs – as pessoas riem mais ainda, e eu continuo). *Por isso, por favor, fique à vontade pra me chamar de Gi! Lembra que Isquierdo é o lado do coração e tudo bem (rsrsrs)!*

Depois disso, eu já gerei uma conexão tão gostosa com a audiência que, se eu quiser brincar com alguém (com respeito e ética, é claro), eu posso!

Diminuir

"Bom dia, gente!" O público responde e o apresentador continua: "Meu Deus, que fraco! Não tomaram café da manhã, não?! Mais forte... Bom dia!" Em vez disso, aplique o primeiro ponto de atenção que expliquei anteriormente e coloque muito mais energia no seu primeiro "bom dia!".

Agora é com você, bora pegar todas essas técnicas e arrasar!

ANÁLISE DO MÉTODO EFEITO UAU:

- O título do capítulo, como você já sabe, é megaestratégico, e nele utilizamos a técnica número 1 compartilhada neste capítulo: "Como montar uma Introdução UAU e conquistar a audiência logo no início da sua fala".

- Logo em seguida, utilizei a 8ª técnica com uma frase autoral: "Não existe essa de quebrar o gelo numa apresentação de impacto. Chegue chegando de forma estratégica e persuasiva".

- Retomei os Capítulos 2 e 3, gerando o interesse na leitura deles, caso algum leitor tenha vindo direto para o Capítulo 5.

- Com certeza você percebeu que usei a 4ª técnica quando escrevi: "Vou compartilhar oito técnicas para você utilizar logo na abertura da sua apresentação e três pontos de atenção (...) para você arrasar".

- Para uma comunicação ser efetiva, é preciso deixá-la palpável, concreta e cem por cento entendível para o público. Uma forma de fazer isso é utilizando uma linguagem acessível para audiência, e também dando exemplos práticos. Uma maneira de fazer isso é contando histórias ou fazendo analogias, o que fiz várias vezes durante este capítulo.

> 🔍 **Entregar a mais.** Eu trouxe sete vídeos para complementar o seu desenvolvimento. Durante sua fala, não tenha receio de entregar a mais, isso gerará na sua audiência um sentimento de surpresa, satisfação, admiração e, ao mesmo tempo, de quero mais. O cuidado aqui é para não exagerar e acabar gerando um sentimento contrário de exaustão e cansaço mental.

É, eu sei, eu sei! Daqui pra frente você estará no nível "Mestre" em analisar minha própria escrita para verificar as técnicas que tem aprendido! Você está indo muito bem! Continue assim! Lembre-se: "Hoje melhor do que ontem, hoje melhor do que ontem... sempre".

Quais foram seus três principais aprendizados até aqui?

....

....

....

....

....

E o convido a compartilhar comigo quais foram seus aprendizados! Isso é muito importante, porque assim eu saberei não só o seu feedback, mas também que esta leitura está gerando um valor verdadeiro na sua vida!

leitor_ 1 min
Introdução#valor
Responder

♡
7

CAPÍTULO 6

ASSUNTO CENTRAL – Como organizar as ideias e o roteiro para que o público preste atenção e interaja

> Dez minutos podem parecer uma hora e uma hora pode voar como dez minutos. A duração do tempo não é uma questão matemática, e sim uma questão emocional.
> — *Gislene Isquierdo*

Como organizar as ideias e o roteiro da sua fala para que o público preste atenção e interaja?

Para responder a essa pergunta, vou contar a história da Gabi Salles, mas antes eu preciso lhe dizer algo sobre o "assunto central".

Ele é a parte mais longa da sua apresentação, é nele que você vai defender as suas ideias e, para ter um Efeito UAU, você precisa saber dois pontos fundamentais: primeiro, como manter a atenção das pessoas e gerar o estado de *flow* (ver Capítulo 4); e, segundo, a ordem em que vai apresentar as ideias, ou seja, a sequência dos tópicos é extremamente importante. E, para fazer isso, utilize números.

— Por que utilizar números, Gi?

Para responder a essa pergunta, vamos fazer um "Quiz UAU"!

POR QUE DEVEMOS UTILIZAR NÚMEROS NAS NOSSAS APRESENTAÇÕES?

(A) Porque o cérebro aprende melhor por agrupamento.

(B) Porque, quando usamos números, podemos utilizar o gatilho mental de antecipação.

(C) Porque fica mais didático.

(D) Todas as alternativas estão corretas.

Na sua opinião, qual é a alternativa correta?

A alternativa correta é a letra "D". Lembre-se sempre de que o cérebro aprende melhor por blocos, por agrupamento e, dessa forma, você consegue aplicar também as letras "B" e "C".

E sabe o que eu acabei de fazer com você? Acabei de aplicar uma das estratégias mais poderosas para que o seu assunto central seja UAU; em vez de trazer todo o conteúdo de modo direto, eu apliquei uma atividade prática. Quando você faz isso, a sua forma de falar (neste caso, escrever) fica muito mais leve, e o público sai do papel passivo e entra no ativo. A apresentação deixa de ser só sua e passa a ser do público, e isso é UAU demais! Por isso, no assunto central, coloque atividades práticas!

Pare por um instante e analise quais atividades você já fez até este momento do livro. Liste pelo menos três:

....

....

....

Além das atividades práticas (você, inclusive, acabou de fazer uma quando relembrou e escreveu), utilize músicas e recursos extras.

— Como assim, Gi, recursos extras?

Para te contar, vamos à história...

Gabi é uma empresária do mundo digital conhecida por ser uma pessoa mais introspectiva, altamente competente, uma pessoa intitulada por ela mesma como mais de "bastidor" do que de palco. Uma profissional que sabe o que faz e que, quando entra em um projeto, escala os resultados dele por conta da sua inteligência, competência e visão do todo atrelada ao cuidado com os detalhes.

Por conta da sua expertise, apesar de ser considerada uma pessoa mais do "bastidor", passou a ser cada vez mais convidada para dar palestras em eventos da sua área. Até que chegou um convite de arrepiar, uma grande oportunidade de mostrar para o mercado o seu real potencial e se posicionar de forma estratégica. Gabi foi convidada para palestrar no FIRE Festival 2022 (já citado no Capítulo 4), num palco para mais de duas mil e quinhentas pessoas. Pergunto: como você se sentiria se tudo isso estivesse acontecendo com você? Como se sentiria ao ser convidado para dar uma palestra assim? O que faria? A Gabi disse sim na mesma hora e me mandou uma mensagem. Quando ela me contou, fiquei eufórica por ela, nós conversamos e fechamos que eu seria sua mentora nesse desafio e grande oportunidade.

Chegou o grande dia, e ela estava cem por cento pronta! Gabi foi anunciada e subiu ao palco ao som de uma música.

A sala já estava lotada, mas, enquanto ela falava, imagine que a sala ia ficando cada vez mais lotada, pessoas sentando no chão à frente do palco, ficando em pé nas laterais e no fundo da sala... Imagine as pessoas interagindo com ela em cada atividade e momento... Imagine a Gabi sendo interrompida por aplausos no meio da sua fala e, ao finalizar, sair do palco ainda ouvindo os aplausos do público. Imagine uma palestra de quarenta minutos que passou tão rápido que pareceu somente quatro. Imagine essa mulher com um sorriso que dava voltas e um sentimento de missão cumprida, felicidade e satisfação...

Agora imagine que tudo isso aconteceu com você! Como você se sentiria?

Mas, afinal, o que foi que ela fez para ter esse resultado?

Ela aplicou o método Efeito UAU e foi autêntica o tempo todo! Ela aplicou, inclusive, cada uma das estratégias que vou compartilhar em breve neste capítulo, e serão elas (é claro, com um conteúdo que gere valor) que vão garantir que as pessoas prestem atenção.

Mas antes das estratégias... como fazer para organizar as ideias? Como saber se aquela determinada ideia vale a pena ser mantida na apresentação ou não? Como organizar as ideias de forma a realmente alcançar o resultado que se deseja?

A resposta a essas perguntas é simples: siga o roteiro 10+!

— Como assim, Gi, o "roteiro 10+"?

O **roteiro 10+** é um passo a passo simples e poderoso para você organizar as suas ideias e avaliar se você está no caminho certo antes mesmo do dia "D" (dia da sua apresentação).

Passo 1
Comece sempre pelo RESULTADO.
- Para alcançar esse RESULTADO, o que eu preciso fazer?
- O que eu preciso falar?

Passo 2
Anote todas as ideias em um papel ou bloco de notas.

Passo 3

Estruture o roteiro começando pela conclusão (nunca perca o resultado de vista).

Passo 4

Depois elenque as ideias do assunto central.

Passo 5

Responda:
- Para gerar o estado de *flow*, o que eu preciso fazer?
- O que eu preciso fazer para, em uma única apresentação, gerar vários estados emocionais diferentes?
- O que posso fazer para quebrar o padrão durante minha fala?

Passo 6

Selecione os recursos extras que poderá utilizar na sua apresentação:
- Audiovisuais;
- Dinâmicas ou vivências;
- Cenas de filme ou vídeo;
- Quiz;
- Interações.

Passo 7

Faça um ensaio mental. Treine mentalmente visualizando cada detalhe como se estivesse no dia e faça esse treino navegando pela tripla percepção da realidade (rever Capítulo 3).

Passo 8

Após o treino, você estará pronto para montar a sua introdução e saber exatamente qual será a melhor forma de iniciar sua fala. Sendo assim, monte a sua introdução UAU e...

Passo 9

Treine e lapide sua apresentação. Isso mesmo! Assim como um diamante que, para ficar valioso, precisa ser lapidado, você vai treinar e lapidar, ajustar o que for preciso e então...

Passo 10+

Treine e lapide mais uma vez! E mais uma... e mais uma!

É claro que, nesse processo de treinar e lapidar, se você tiver uma pessoa que possa ser sua mentora para lhe dar assistência e feedback do que ficou bom para você manter e o que e como você precisa fazer para melhorar ainda mais, UAU! Se não tiver, sugiro que filme a sua apresentação e se autoanalise, pensando em aplicar tudo o que tem aprendido aqui!

Três perguntas que frequentemente recebo dos meus alunos quando acabam de ingressar nos meus treinamentos e cursos são:

— Gi, como saber se mantenho uma ideia ou a retiro do meu roteiro?
— Como saber a melhor ordem para os tópicos que vou apresentar?
— Como fazer para manter a atenção das pessoas enquanto eu falo?

Vamos às respostas...

1. Para saber se mantém uma ideia ou a deleta da sua fala, você deve se fazer a seguinte pergunta:
— Apresentar essa ideia, falar desse tópico é essencial para chegar ao resultado almejado?
Se a sua resposta for "sim", fale; se for "não", delete!

2. A melhor ordem para apresentar os tópicos é seguindo duas regras:
Regra 1: comece com um tópico forte. Se o seu primeiro argumento for fraco, ele passará descredibilidade, e o público não vai sentir o desejo de continuar assistindo a você.
Regra 2: termine com um tópico mais forte ainda. A conclusão não pode ser fraca (falaremos sobre isso no próximo capítulo).
3. E, para fazer com que o público preste atenção e interaja com você do início ao fim da sua fala, siga as oito estratégias a seguir.

ESTRATÉGIA 1 – CONTAR HISTÓRIA

Como você já pôde perceber, contar histórias é poder! Uma história contada de forma UAU conecta, gera emoção e faz o tempo voar! Se você retomar a leitura deste capítulo na parte em que eu conto a história da Gabi, vai perceber exatamente isso.

— Ok, Gi! Mas como eu faço para contar histórias de forma UAU?

3 passos

1. Jamais perca de vista o resultado e o público, porque é pensando nisso que você vai tomar a decisão de escolher qual trecho da história você vai contar.
2. Fazer a "sua" história virar a história da outra pessoa. Uma das formas de fazer isso é através de perguntas. Analise este trecho:

"Gabi foi convidada para palestrar no FIRE Festival 2022 (já citado no Capítulo 4) num palco para mais de duas mil e quinhentas pessoas. **Pergunto: como você se sentiria se tudo isso estivesse acontecendo com você? Como se sentiria ao ser convidado para dar uma palestra assim? O que faria?** A Gabi disse sim na mesma hora e me mandou uma mensagem. Quando ela me contou, fiquei eufórica por ela, nós conversamos e fechamos que eu seria sua mentora nesse desafio e grande oportunidade".

A parte que está **em negrito** é justamente a técnica para fazer a história deixar de ser só da Gabi e ser do público também.

3. Descreva algumas partes da história com riqueza de detalhes e, se possível, utilize a palavra "imagine" (você já deve ter notado que eu utilizo bastante essa palavra, e faço isso porque é uma técnica de persuasão muito poderosa, uma que partilharei no Capítulo 10). Para mostrar exatamente como fazer isso, assista ao vídeo no qual mostro um trecho da palestra de uma cliente de mentoria, a Monique Curi, para isso, basta escanear o QR Code ao lado.

Preciso dizer que, de todas as estratégias que estou compartilhando aqui, contar histórias de forma UAU é a mais poderosa, por isso vou lhe dar um presente! Escaneie o QR Code e assista a uma das aulas do meu treinamento Efeito UAU e se aprofunde no método de como contar histórias!

ESTRATÉGIA 2 – GESTOS ESTRATÉGICOS E MARCADOS

Pense nos seus gestos como uma extensão da sua fala. Para isso, escolha gestos com todo o seu corpo pra dar ênfase no que você deseja. Me lembro de uma vez que, ao palestrar sobre autoestima, eu fui agachando no palco enquanto dizia: "Uma pessoa que recebe reflexos negativos ao longo da sua vida, como 'você não fez mais do que sua obrigação', 'se liga, você não é bom o suficiente para isso', 'olha seu irmão e vê se aprende alguma coisa com ele', fica com sua autoestima assim: soterrada!". Conforme eu falava cada uma das frases, eu ia me abaixando ainda mais e, ao dizer "soterrada", me imagine numa postura bem agachadinha no fundo do palco.

Suas mãos, seus ombros, seus braços, suas pernas... tudo comunica! Por isso, seja estratégico na escolha dos seus gestos e, quando for necessário, faça-os de forma marcada e lembre-se: fazer gestos ao falar em público não é ficar mexendo as mãos pra lá e pra cá o tempo todo!

E, por favor, não fique com as mãos para trás ou com elas no bolso, isso é péssimo e passa insegurança. Para contribuir ainda mais, ao final de todas as estratégias vou compartilhar outro vídeo no qual você verá na prática essas estratégias acontecendo no palco.

ESTRATÉGIA 3 – EXPRESSÃO FACIAL

Da mesma forma que seus gestos podem ser uma extensão da sua fala, a sua expressão facial também é! Por isso, passe emoção através da sua face. Sabe o que acontece quando você faz isso e o público está cem por cento conectado com você? O público começa, sem perceber, a imitar as suas "caretas"... isso é UAU demais!

ESTRATÉGIA 4 – UTILIZAÇÃO DO ESPAÇO

Parece repetitivo, mas é isso mesmo. Pense no espaço como uma extensão do seu corpo. Da mesma forma que fazemos gestos e expressões faciais e com isso passamos e geramos emoções, com o espaço é a mesma coisa, inclusive quando se pensa em espelhamento (falaremos sobre isso no Capítulo 10). Por isso, utilize o espaço a seu favor e de forma estratégica. Ah! E um detalhe: utilizar o espaço não é ficar andando pra lá e pra cá o tempo todo, mas, sim, quando for estratégico, quando quiser dar ênfase em algo, você de maneira inteligente e proposital andar pelo espaço.

Só um cuidado especial: quando a sua apresentação for on-line, seja em um vídeo gravado, seja ao vivo, nesse quesito utilizar o espaço "menos é mais". Se você ficar andando muito pelo espaço, pode prejudicar a qualidade da imagem. O mais importante nesse cenário são gestos estratégicos e pontuais e olhar bem no "olho da câmera".

ESTRATÉGIA 5 – ESCOLHA DA ROUPA

A sua roupa e os acessórios também passam uma mensagem, e ela precisa ser congruente com o que você está dizendo e para ajudar você a chegar ao resultado almejado. Outros seis pontos importantes são:

1. A roupa deve dar contraste com o palco. Por exemplo, um palco todo preto e o apresentador com roupa preta não vai dar certo.
2. Se sua apresentação for gravada, cuidado com estampas que ficam ruins na filmagem, por exemplo, listras e xadrez pequeno.
3. Sua roupa não deve roubar a atenção do seu rosto.
4. Se for utilizar saia ou vestido, descubra antes a altura do palco para não ficar desconfortável.
5. O sapato é uma peça bem importante no look. Comece escolhendo pelo conforto; ninguém merece fazer uma apresentação com um sapato que machuca. E outro detalhe: cuidado com sapatos que, ao andar, emitem som!
— Como assim, Gi?
Sabe sapato que fica fazendo "toc toc" ou tênis que fica "cantando"?!

Pois é! Cuidado! Verifique antes qual é o piso do local que você vai se apresentar para poder escolher o sapato certo.

Escolha roupas que o deixem confortável e que o valorizem. Escolha a cor que contraste com o palco, mas que também faça parte da sua paleta de cores (já mentorei muitas pessoas que trabalham com isso, e eu mesma fiz a minha análise e, acredite, faz uma superdiferença. A cor certa vai valorizar sua beleza e lhe deixar ainda mais lindo!). E por fim...

6. Cuidado na escolha dos acessórios, eles não podem fazer barulho!

ESTRATÉGIA 6 - CANAIS DE COMUNICAÇÃO

Nós nos comunicamos através dos cinco canais sensoriais: olfato, paladar, visão, audição e tato ou cinestesia; é através deles que nós captamos as informações do mundo e as organizamos na nossa mente. Eu falo sobre isso de forma bem profunda no livro *Autoestima como hábito*, mas aqui, de forma rápida e direta, vou compartilhar com você três pontos:

Dos cinco canais, utilizamos principalmente três: visão, audição e cinestesia.

Cada pessoa tem um canal preferido que, no momento de tensão ou quando no modo automático, rege a comunicação.

Mas eu lhe pergunto: qual o custo de você se comunicar somente no seu canal preferido? Qual o custo de uma pessoa que tem a audição como canal preferido para se comunicar com uma pessoa preferencialmente visual? Qual o custo de uma pessoa mais auditiva dar uma palestra utilizando somente o seu canal preferido? Perda de conexão! E, quando não tem conexão, a palestra vai ser uma "m🔔...".

Para você se comunicar com o outro, ele precisa entender você, isso quer dizer que, se o outro é visual, você precisa saber falar de forma mais visual. Se estiver falando diante de um público, pode ter certeza de que, diante de você, terá pessoas auditivas, visuais e cinestésicas e, para você ter um Efeito UAU no seu resultado, precisará navegar pelos três canais!

É importante você saber qual o seu canal preferido; se for uma conversa um a um, saber qual o canal preferido do outro e saber navegar pelos três tipos!

— Gi, como usualmente é uma comunicação visual, auditiva e cinestésica?

Visual

A pessoa que tem a preferência visual fala muito rápido, fica impaciente quando tem que ouvir explanações longas demais e, às vezes, usa as palavras de forma desajeitada (seu cérebro organiza tudo através de imagens, que são mais rápidas que as palavras. O que acontece? A língua não acompanha a velocidade das imagens no cérebro e geralmente, por falar muito rápido, acaba "comendo" e atropelando as palavras).

A imagem, a beleza, a organização são importantes para essa pessoa, por isso, ao pensar numa imagem, ela se recorda dos detalhes! Geralmente, é limpa, meticulosa, gosta de ordem e coisas bonitas!

Na sua fala, você comumente encontra palavras que remetem ao canal visual, por exemplo: "Olha só, olha que gostosa essa comida, olha que cheiro maravilhoso. E, ao fazer perguntas: está claro para você? Está nítido? Você consegue ver o que estou dizendo?".

Auditiva

A pessoa que tem a preferência auditiva fala devagar, entona as palavras, gosta de ouvir, porém não consegue esperar muito para falar, e, quando fala, suas descrições são longas e algumas vezes repetitivas.

Ao se arrumar, não se preocupa muito em combinar as coisas e, se alguém questionar sobre seu look, adivinha? Ela terá uma boa explicação pra dar: "É meu estilo"!

Ela gosta de explicar as coisas e, por isso, acaba falando muito e sendo detalhista. E, ao receber uma pergunta, antes de responder, repete-a em voz alta, por exemplo:

— Wilson, que horas são, por favor?

— Que horas são? São 10h14!

Na sua comunicação, é possível perceber frases como: "Isso me soa bem! Pessoal, ouça um pouco aqui... Isso não está harmônico. Isso tem uma cadência interessante! Como a minha ideia soa para você? Escuta, que relógio mais lindo!". E palavras que remetam ao som, como alto, baixo, ritmo, barulho, ruído, batida...

Cinestésica

Já a pessoa que tem a preferência cinestésica gesticula e anda enquanto fala ou, se estiver sentada, vai pegar um papel e ficar fazendo desenhos e riscos aleatórios nele. Tem dificuldade em ficar parada ouvindo algo que não gere emoções nela, por isso não é boa ouvinte.

Quando vai conversar com alguém, fica muito perto quando fala ou ouve e perde rapidamente o interesse durante discursos longos e sem graça.

Assim como o visual, é limpa, mas logo se desarruma porque conforto é essencial! Conforto sempre em primeiro lugar!

Na sua comunicação, é possível perceber frases como: "Você conseguiu pegar a minha ideia? Estou sentindo que daqui a pouco você entenderá a ideia! Este tema está te tocando! Faz sentido pra você? Nossa, como você está áspero hoje! Isso é muito profundo! Sinta isso...". E palavras como: concreto, pesado, entrar em contato, amargo, doce, apertado...

Não tem um canal melhor que o outro. Para fazer com que o público preste atenção e interaja com você, será preciso que, na sua comunicação, você navegue pelos três canais.

ESTRATÉGIA 7 - ATIVIDADES PRÁTICAS

Sempre que for possível e estratégico para o resultado, utilize atividades práticas, nem que for um simples quiz como eu fiz algumas vezes com você durante sua leitura. As atividades práticas quebram o padrão de só o apresentador falar e deixa tudo muito mais dinâmico, além de incluir a pessoa que é mais cinestésica. Pois é, se ela ficar só sentada ouvindo por horas, ela vai ter um treco!

— Gi, mas como saber qual atividade utilizar?

A resposta é simples: essa atividade que você está pensando em utilizar vai agregar para o resultado a ser alcançado? Ela está relacionada ao público em questão? Se sim, utilize. Se não, não!

No Capítulo 9, trarei ideias e sugestões de algumas atividades para você utilizar.

ESTRATÉGIA 8 - RECURSOS EXTRAS

Selecione os recursos extras que poderá utilizar na sua apresentação, como slide, quadro branco ou flip chart, música, dinâmicas e vivências, atividades práticas, cenas de filme ou vídeos, enfim, interações que despertem o interesse do público. Lembre-se: seu foco é sempre o público!

Nos próximos capítulos, falarei mais sobre os modelos de recursos extras, inclusive darei ênfase nos slides. Quero aproveitar e já aprofundar mais na importância dos slides. Imagine uma pessoa visual assistindo a uma aula de uma hora de duração somente com a voz do professor, sem nem um slidezinho sequer ou com slides malfeitos e sem graça (fundo branco, letra preta sem nenhuma cor diferente e sem nenhuma imagem)... Pois é, usar slides, lançar mão de recursos extras, é fundamental por causa dos canais de comunicação; vamos usar o cérebro e a forma de ele funcionar a nosso favor!

Como não fazer slides

- Não coloque um monte de texto no slide. É chato e, pior ainda, é quando a pessoa que está falando fica lendo os slides. Puxa vida, se é para ficar lendo, envia para a turma e diga: "É autoexplicativo, basta ler os slides".
- Fazer os slides todos do mesmo jeito, sem romper o padrão, sem colocar nenhuma imagem ou cor diferente... Pelo amor, que chato. Ninguém merece. Uma pessoa na audiência que tenha a prefereência visual vai querer morrer ou matar...
- Fazer slide com erro de digitação é ruim (você reparou que eu escrevi prefereência errado na frase anterior e nesta frase também? Se você reparou é, inclusive, uma dica de que o canal visual é forte em você. Mas, olha, eu não vou atirar pedra em quem já fez alguma apresentação com erros nos slides. "Quem não tiver pecado que atire a primeira pedra!" Eu não tenho moral nenhuma pra atirar...).

Enfim, chegou o momento de compartilhar o vídeo! É só escanear o QR Code e poderá ver, na prática, as estratégias citadas anteriormente.

Lembre-se:

Sempre mantenha o foco no público (por exemplo, os elementos de um look para gerar conexão com adolescentes são diferentes dos de um look ao falar para altos executivos de uma multinacional) e no resultado que deseja alcançar. E, é claro, seja autêntico; a autenticidade vaza pelos poros!

— Perfeito, Gi, mas tenho uma dúvida: e se eu for me apresentar em um local onde não conheço o público... o que eu faço?

Excelente pergunta, isso eu vou responder no Capítulo 8, aguarde!

Agora que você já sabe como escolher e organizar as ideias para sua apresentação, agora que já sabe como utilizar recursos para gerar o estado de *flow* na parte mais longa da sua fala, você deve ter percebido que o que eu ensinei é justamente o que eu utilizo dentro de cada um dos capítulos. Porque cada capítulo tem a sua introdução, o seu assunto central e a sua conclusão. Então, vamos para a...

ANÁLISE DO MÉTODO EFEITO UAU

🔍 Neste capítulo, em vários momentos, eu elevei a expectativa para o que ainda está por vir e também resgatei capítulos anteriores! Vai que algum leitor venha direto para este... Dessa forma, eu o instigo a querer ler os capítulos que ele pulou.

🔍 Utilizei a técnica do "Quiz UAU".

🔍 Gerei interação pedindo para você pensar e escrever.

🔍 Fiz perguntas como se fosse você: "Como assim, Gi, recursos extras?".

🔍 Contei histórias UAU.

🔍 Utilizei o agrupamento diversas vezes, como no caso do "roteiro 10+".

🔍 Entreguei a mais. Todas as vezes que trouxe um vídeo, principalmente disponibilizando para você uma das aulas exclusivas do treinamento Efeito UAU.

🔍 Utilizei imagens (como não fazer slides).

Agora é com você: diante de todos os seus aprendizados e insights, selecione os três principais e escreva-os a seguir!

Quais foram seus três principais aprendizados até aqui?

....
....
....

E o convido a compartilhar comigo quais foram seus aprendizados! Isso é muito importante, porque assim eu saberei não só o seu feedback, mas também que esta leitura está gerando um valor verdadeiro na sua vida!

leitor_ 1 min
AssuntoCentral#valor
Responder

♡
7

CAPÍTULO 7

CONCLUSÃO – Como finalizar sua apresentação gerando impacto e deixando gosto de quero mais

> A conclusão é muitas vezes subutilizada pelo apresentador ou, pior, ela é feita de forma negativa, de forma a minar tudo o que a pessoa disse anteriormente. Cuidado!
> — *Gislene Isquierdo*

A conclusão é um momento superimportante da sua fala, é nela que você deixará um gosto de quero mais, é nela que você fará as pessoas entrarem em ação de forma imediata. Porém, existem alguns erros que são extremamente comuns e que ferram com tudo!

Assim como a introdução, a conclusão também deve ser breve; ela é rápida e focada no resultado que deseja gerar, na emoção que quer gerar. Isso quer dizer que, se a sua intenção é que as pessoas saiam animadas, motivadas, com "sangue no olho", você precisará encerrar a sua fala elevando o nível de energia. O contrário também é verdadeiro. Se você quiser que as pessoas saiam mais introspectivas, seu nível de energia precisa ir se acalmando. Por isso, não ajustar a energia da conclusão ao resultado almejado é um erro péssimo. Mas tem outros erros que você deve evitar cometer na hora de encerrar a sua fala, três dos quais você deve riscar dela:

"Era isso que eu tinha pra dizer" ou "Então é isso", péssimo!

"Acho que era isso", pelo amor, hein... nem para ter certeza, esse erro me mata!

"Por hoje é só, pessoal" ou " É isso, gente"! Chamo essa aqui de conclusão Looney Tunes! Fofa, porém péssima!

— Gi, então o que fazer na hora de finalizar?

Vou partilhar sete técnicas práticas e eficazes de fazer a finalização da sua apresentação, a última delas é a mais emocional.

1. Recapitular os pontos principais (mas o faça de forma breve).
2. Trazer uma frase de impacto. Na introdução deste livro, e também no Capítulo 3, eu concluí desse jeito! Mas, pensando numa apresentação verbal, você pode concluir com uma frase autoral que você

tenha citado ao longo do seu discurso, ou uma frase de uma outra pessoa, e, em seguida, dizer "obrigado"!
3. Agradecer! Terminou mesmo? Então agradeça, diga obrigado e, enquanto recebe os aplausos, saia do palco.

   Antes de mencionar a próxima técnica, quero fazer uma observação: se for em um vídeo, você pode sempre terminar da mesma forma e criar algum jargão. Eu faço isso no meu canal do YouTube, dizendo: "Do mais, um beijo e eu te vejo no próximo episódio! Tchau!", e essa frase ainda acompanha um gesto bem marcado!

   Ainda sobre vídeo (apesar de que também vale para o mundo presencial), não encerre assim: "Quero agradecer por esta oportunidade! Espero que tenha sido bom! Que tenham gostado!". Em vez disso, diga: "Que honra ter este momento aqui com vocês! Contem comigo e muito obrigada!". A diferença pode parecer pequena, mas não é; ela é sutil e estratégica para empoderar a sua imagem!
4. Elogiar a audiência. Exemplo: "Ter você aqui durante toda esta palestra prova que você é uma pessoa UAU e que faz acontecer! Parabéns pelo seu potencial! Tome posse dele e faça acontecer! Muito obrigada!".
5. Elevar a expectativa para o próximo encontro/terminar no ápice. Fiz isso no Capítulo 2, e vemos isso acontecer em novelas e séries; eles encerram o capítulo da novela ou o episódio da série deixando o público louco para o próximo.
6. Chamar para a ação. Como você já sabe, o método Efeito UAU começa com o resultado e é exatamente pensando nele que você vai estabelecer qual será a chamada de ação. Então vamos a três exemplos: Vamos imaginar que...

   Primeiro exemplo: você está conduzindo uma reunião com seu time e o que deseja é que eles saiam motivados para entregar resultados cada vez melhores para a área. Como você pode fazer a conclusão? Pode recorrer à técnica número 2 (frase de impacto) e à número 4 (elogiar) e então dizer: "Agora quero que cada um de vocês pense qual é a pessoa mais importante da sua vida. A pessoa que o motiva a trabalhar, a conquistar cada vez mais, para que você possa compartilhar com ela... Assim que sair da nossa reunião, envie um áudio para essa pessoa e diga que ela é uma motivação na sua vida e que você é grato por conviver com ela!".

Segundo exemplo: você vai fazer um vídeo no qual quer vender um produto ou serviço. Além, é claro, de no meio do vídeo você ter que utilizar várias técnicas de persuasão (vamos nos aprofundar nesse tema no Capítulo 10), você precisará dar o comando exato de compra. Por exemplo: "Clique no link abaixo e faça agora a matrícula no curso 'Efeito UAU'!".

Terceiro exemplo: você está ministrando uma palestra e o resultado que deseja é que as pessoas fortaleçam a autoconfiança. Ao final dela, você pede que as pessoas fiquem em pé e repitam com energia: "Eu quero! Eu posso! Eu vou!". Mas é claro que isso tudo tem que fazer parte da narrativa da palestra. Afinal:
A conclusão é parte do todo! A conclusão é parte da narrativa e é um *gran finale* para você fechar seu raciocínio de forma UAU.

7. Emocionar. Através da comunicação não verbal (tom de voz, velocidade da voz, gestos, postura e utilização de espaço), você vai gerando o estado emocional que deseja. Para agregar ainda mais valor e deixar bem concreto para você, eu trouxe, como sugerido, um vídeo em que analiso a conclusão de um cliente de mentoria, inclusive já o citei aqui outra vezes, o Pedro Sobral. Para assistir à conclusão do Pedro, basta escanear o QR Code ao lado, ela se inicia especificamente no minuto quatorze.

ANÁLISE DO MÉTODO EFEITO UAU

> Neste capítulo em especial, faremos diferente. Não serei eu a fazer a análise, mas, sim, você! Por se tratar de um capítulo curto e bem direto, analise e escreva a seguir de três a cinco fatores que você percebeu que eu utilizei:

....
....

UAU! Olha o quanto você já se desenvolveu! Parabéns! Isso é UAU demais! Você é UAU demais! Continue seu desenvolvimento e lembre-se:

Hoje melhor do que ontem, hoje melhor do que ontem... sempre!

O trecho em destaque foi a conclusão deste capítulo. Convido você a retornar ao exercício anterior e escrever quais foram as técnicas que eu utilizei para fazer essa conclusão!

Quais foram seus três principais aprendizados até aqui?
....
....
....

E o convido a compartilhar comigo quais foram seus aprendizados! Isso é muito importante porque assim eu saberei não só o seu feedback, mas também que esta leitura está gerando um valor verdadeiro na sua vida!

leitor_ 1 min
Conclusão#valor
♡
7
Responder

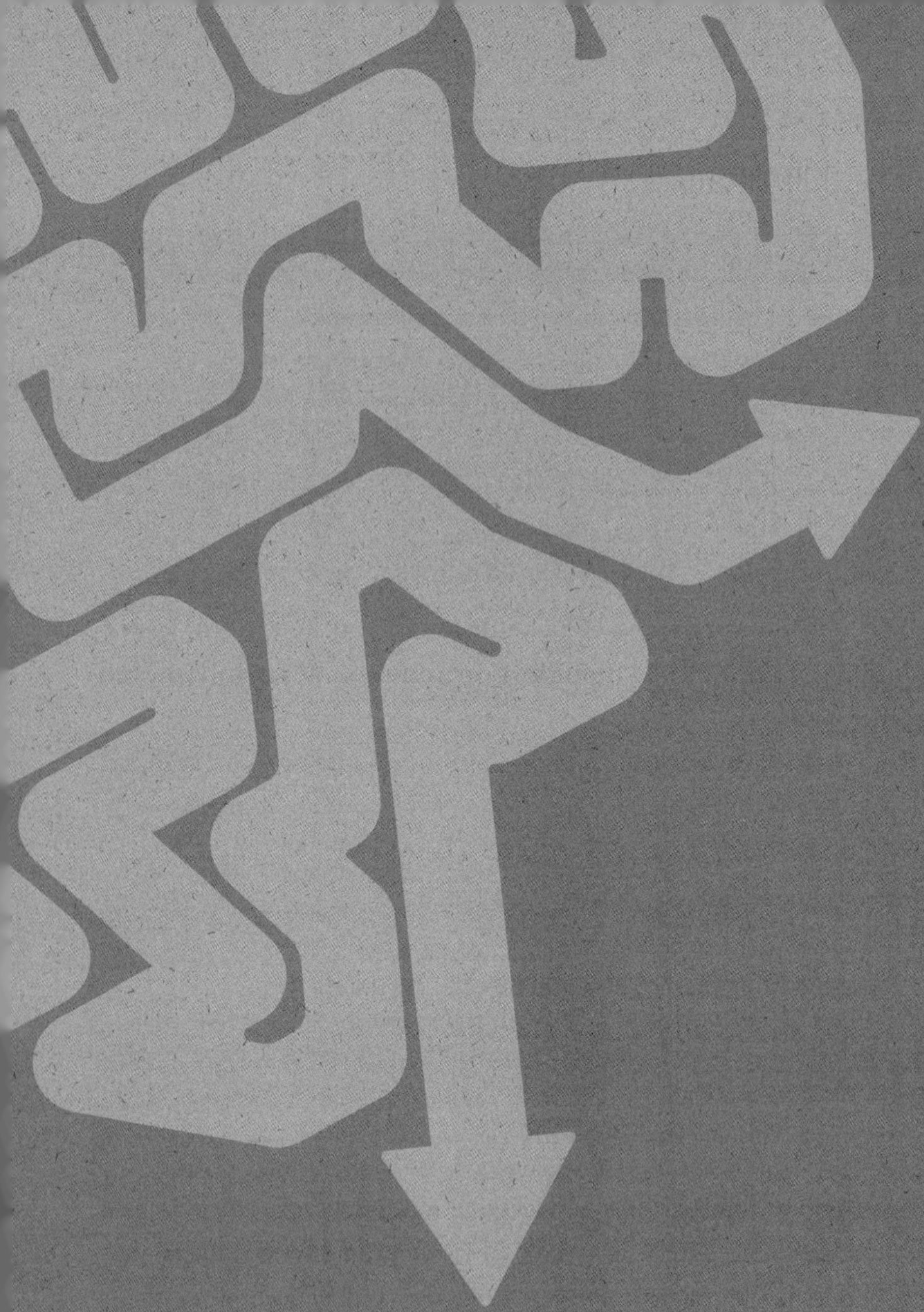

PARTE III

Encantamento, magnetismo e persuasão

Para ter uma comunicação influente e persuasiva, é preciso ir além de técnicas enrijecidas, é preciso entender o que está por trás delas, para que assim você possa ser uma pessoa verdadeiramente influente e persuasiva sem nem mesmo se esforçar para isso.
Mas como fazer isso na prática?
Agora é a hora de você entender e dominar de verdade, e de maneira natural e espontânea, técnicas, princípios e vivências que deixarão as pessoas vidradas em você e com muita vontade de quero mais!
Prepare-se para ter acesso às melhores técnicas e dinâmicas para conquistar, gerar o estado de *flow*, influenciar e persuadir quem você quiser!

CAPÍTULO 8

Como conhecer e encantar o público

> Faça algo que o público sinta que foi feito especialmente para ele, que, não importa quantas pessoas vão assistir e ouvir, mas que cada uma pense: *Meu Deus, ele(ela) está falando comigo!*
> — *Gislene Isquierdo*

Chegou o momento de você ter acesso à peça-chave para ter um Efeito UAU quando for falar com "alguém", seja esse "alguém" uma única pessoa em uma reunião importante, um público de três mil pessoas em um evento em que você vai palestrar, ou milhões de pessoas que assistirão aos seus vídeos. Essa peça-chave é: conhecer o público.

É preciso conhecer para encantar.

Neste capítulo, trarei situações extremamente práticas para você aplicar, e a última delas será especificamente para o mundo digital, o mundo em que você pode escalar o número de pessoas alcançadas levando a sua mensagem.

Mas, afinal, por que conhecer o público é tão importante? E quais são as melhores técnicas e como utilizá-las? Como encantar o público presencialmente ou em vídeo? Como fazer com que as pessoas pensem e sintam: *Meu Deus, ela(ele) está falando comigo! Essa mensagem/esse vídeo é pra mim!?*

Conhecer o público é determinante para alcançar o resultado esperado, para você sentir que foi UAU, porque é a partir dele que você selecionará:

- Os exemplos a serem dados;
- O trecho da história que vai contar;
- As imagens que colocará nos slides;
- A escolha das músicas e das dinâmicas;
- A escolha do look que vai utilizar.

Por exemplo, por muitos anos participei como voluntária de um projeto social chamado "Oratória nas Escolas". Nele, eu ministrava o treinamento de técnicas de apresentação e oratória para adolescentes do nono ano de escolas públicas. Eu montava os slides com imagens e selecionava músicas que geravam conexão com adolescentes (quantas vezes me vi aprendendo músicas novas só para isso), e a roupa que eu utilizava era calça jeans rasgada, com um tênis All Star, uma camiseta com uma mensagem inspiradora e um blazer.

Agora, imagine a cena: eu chegando pela primeira vez em uma empresa multinacional bem tradicional para treinar o time da alta liderança utilizando essa mesma roupa... Hum, melhor não! Nada contra o look, mas, se eu quero gerar conexão rápida com as pessoas, preciso ser estratégica.

Mas cuidado! Não estou falando para você se anular, para interpretar um personagem, nada disso! O método Efeito UAU não envolve somente ser estratégico, mas também ser autêntico e verdadeiro. Sempre!

Por isso, se você for a uma reunião, pesquise e saiba com antecedência:

- Quem vai participar da reunião? (Se preciso, pesquise as pessoas no LinkedIn e em outras redes sociais.)

- Qual será a sua parte nessa reunião e quanto tempo você terá?
- Haverá alguém que falará antes e depois de você? Se sim, quem, sobre o que e qual a duração?
- Qual o resultado a ser alcançado? (Sempre tenha o resultado na sua mente, nunca o perca).

Perguntas respondidas, siga o método e comece a montar a sua apresentação.

— Gi, e se, em vez de uma reunião, for uma palestra ou um treinamento?

Se for uma palestra ou treinamento, alinhe com quem o está contratando qual será o perfil do público, solicite uma relação dos participantes com os dados que são relevantes para você e, se for o caso, entreviste alguns deles para coletar informações prévias. Pesquise sobre a empresa, sobre a área que dará o treinamento, descubra se as pessoas que estarão com você já fizeram algum outro treinamento semelhante ou não...

Quanto mais informações você tiver acerca da audiência, mais personalizada será a sua fala, e muito maior será a sua chance de gerar conexão rápida e profunda.

— Entendi, Gi, mas e se for uma palestra em um evento?

Excelente pergunta! Nesse caso, pesquise o máximo possível sobre o evento. Exemplo:

- Esse evento teve edições anteriores?
- Haverá outros palestrantes? Se sim, quais os temas?

Alinhe o resultado com os organizadores, pergunte sobre o público participante e, se for o caso, faça perguntas estratégicas. Ah! E, se for possível, antes da sua palestra, passe um tempinho no evento.

Para materializar tudo isso, vou contar duas histórias rápidas.

História número 1
Certa vez, fui palestrar em um evento no Rio Janeiro, no qual, além de mim, teriam mais dez palestrantes. Como eu faria dinâmicas com música, fui uma das primeiras a chegar para, com a equipe técnica, testar se todos os slides que eu havia enviado previamente estavam certos e se as músicas estavam abrindo direitinho (eu coloco as músicas dentro do próprio slide, o que me dá autonomia durante a apresentação).

As músicas foram selecionadas pensando nesse público. Inclusive, a música com a qual eu subi ao palco quando me chamaram foi um funk (estilo musical muito tocado nas festas do Rio), até mesmo porque a minha palestra foi logo após o almoço, e eu precisava de uma estratégia para elevar a energia da audiência (a música foi "Cheguei", da cantora Ludmilla, e está na playlist que fiz para este livro).

A palestra teve várias interações acompanhadas de música e, após cada uma delas, havia presentes para quem participasse primeiro, os quais, além das interações e das músicas, foram escolhidos pensando no público. No final, para concluir, escolhi algo bem emotivo. Contei uma história que eu tinha a certeza de que geraria muito valor e conexão. Imagine qual foi a palestra votada como preferida?

História número 2
Nathalie Naviliat, uma profissional incrível e que compartilha seu conhecimento de forma abundante nas redes sociais (Nägel Podologia), foi convidada para palestrar num grande congresso de podologia no Chile. Aliás, esse foi o motivo que a levou a tomar a decisão de fazer a mentoria comigo, e sua palestra foi inteiramente personalizada para aquele público, naquele evento. O conteúdo extremamente técnico foi apresentado em espanhol (língua nativa do país que realizou o evento. Apesar de não ser a sua, Nat se esforçou para fazer a palestra toda no idioma, o que, por si só, já gerou mais conexão e encantamento, pois

o público percebeu o esforço dela). Além disso, para a apresentação do conteúdo, foi selecionado o caso de um cliente da Nat e, assim, tínhamos uma história bem interessante de fundo, o que trazia imagens reais e bem práticas do tema abordado. Tudo foi feito para aquele evento e pensando naquela audiência, inclusive o trecho da história da própria palestrante, que foi partilhado durante a sua apresentação.

A palestra da Nat abriu o evento e, como ela fez o dever de casa, sabia de cor quais viriam no decorrer do congresso, o que a possibilitou selecionar em quais tópicos se aprofundar e em quais ela seria mais superficial. Ela dizia assim: "Sobre isso, não vou me aprofundar, pois vocês terão uma palestra somente sobre este tema aqui no congresso".

Adivinhe o resultado? Sim, ela teve um Superefeito UAU!

— Perfeito, Gi, entendi! Mas tenho outra dúvida... E se por acaso eu for ministrar um treinamento, workshop, curso ou palestra aberto ao público?

Nesse caso, além de selecionar quem você quer que participe, por exemplo, fazer um evento só para casais, você pode também formular uma pesquisa para os participantes responderem. Uma maneira prática e rápida de fazer isso é através do Google Forms (temos uma aula sobre isso. Escaneie o QR Code se quiser assistir a ela), mas cuidado na seleção das perguntas: coloque somente o que for importante saber.

E, por último, uma dica bem simples, porém importante:

Faça perguntas na hora! Sim, você pode fazer perguntas para a audiência durante sua fala, por exemplo: "Quem aqui já fez algum curso sobre oratória? Levanta a mão, por favor! Quem aqui já, inclusive, dá aulas sobre oratória?". Detalhe, você se lembra dos gestos estratégicos de que falei no Capítulo 6? No momento em que você disser "levanta a mão, por favor", levante a sua para servir de modelo para as pessoas.

E repare que na segunda pergunta, "Quem aqui já, inclusive, dá aulas sobre oratória?", eu não coloquei a frase pedindo para levantar a mão.

— Por que não, Gi?

Porque não precisa! Mas ao fazer a pergunta "Quem aqui já, inclusive, dá aulas sobre oratória?", você levanta sua mão novamente e as pessoas entenderão e quem se identificar com a resposta "sim" fará o mesmo.

Agora, se sua apresentação for on-line, faça perguntas para gerar comentários no chat e assim conhecer o público. Voltemos ao exemplo anterior: "Quem aqui já fez algum curso sobre oratória? Comenta no chat 'eu já', por favor! Quem aqui já dá aulas sobre oratória? Comenta no chat 'aula'".

Lembre-se:

Quanto mais informações você tiver acerca do público, mais personalizada será a sua fala, e muito maior será a sua chance de gerar conexão rápida e profunda.

Quando você faz algo personalizado para o público e ele percebe isso, você o faz se sentir importante! E sabe o que toda pessoa do mundo ama? Se sentir importante! Todo ser humano tem essa necessidade. E, ao fazer isso levando a sua mensagem, expressando as suas ideias, a audiência se sente importante e valorizada por você, o que contribui muito para um resultado UAU!

Detalhes podem fazer diferença para conquistar e encantar a audiência! Conhecer o público e personalizar a experiência dele na sua apresentação gera um impacto muito positivo para você e sua marca. Vou dar um exemplo.

Pelo menos uma vez por ano eu gosto de fazer um encontro presencial. Nele, ministro um treinamento e convido alguns clientes de mentoria individual para palestrarem. O detalhe é que, quando meus mentorados chegam ao hotel onde ficarão hospedados, tem um presente para eles.

Trata-se do kit do evento, com uma cartinha escrita à mão por mim e seu bombom favorito (o qual descobrimos antes através de um formulário do Google). Me lembro de uma cliente em especial, Juçara Ramalho, uma empresária mestra em engenharia sanitária e ambiental, que atua como consultora e palestrante na área de sustentabilidade para empresas e pessoas; o bombom preferido dela era o de chocolate ao leite com recheio de banana de uma marca de chocolates conhecida no Brasil. Compramos uma caixa de bombons inteira só para pegar o dela! Imagine como ela se sentiu ao ver tudo isso?

Encante a sua audiência, faça o básico muito bem feito, cuide dos detalhes, personalize e gere o sentimento de importância! Ah! E sempre que puder... entregue a mais!

— Gi, mas dá pra fazer isso no mundo digital? Como?

Pra começar, vamos entender que, sim, nesse mundo você pode escalar o alcance da sua mensagem e que ao gravar seus vídeos, fazer seu podcast, escrever seus artigos (não importa a forma), você deve inicialmente escolher com quem você quer falar. A partir dessa escolha, você selecionará os exemplos, a linguagem e toda a sua comunicação.

Ao levar sua mensagem no mundo digital, é extremamente importante você decidir com quem você falará e com quem não! Não tenha receio de ser seletivo, isso vai fazer com que as pessoas que são seu foco sintam-se ainda mais conectadas com você.

ANÁLISE DO MÉTODO EFEITO UAU

> Abri este capítulo de forma mais leve, porém também elevando a expectativa para o final, quando escrevi: Neste capítulo, trarei situações extremamente práticas para você

aplicar, e a última delas será especificamente para o mundo digital, o mundo em que você pode escalar o número de pessoas alcançadas levando a sua mensagem.

🔍 Em diversos momentos, escrevi como se fosse você falando comigo.

— Gi, me dá um exemplo de quando fez isso!

🔍 Acabei de fazer mais uma vez!

🔍 Dei exemplos práticos deixando tudo mais concreto. Confesso que fazer isso (principalmente em livros) dá trabalho, mas deixa a comunicação muito mais eficaz.

🔍 Mais uma vez, fui além e trouxe conteúdos em vídeo por meio do QR Code.

🔍 E, por último, ao escrever este livro, criei na minha mente um público-alvo, um público de interesse neste tema, e a partir dele, selecionei todos os exemplos, histórias e dinâmicas deste livro. Ou seja, a estratégia para escrever um livro é bem semelhante à de se posicionar na internet: você escolhe com quem falará, decide para quem quer levar a sua mensagem e então a leva!

Quais foram seus três principais aprendizados até aqui?

....
....
....
....
....
....
....
....
....

E o convido a compartilhar comigo quais foram seus aprendizados! Isso é muito importante, porque assim eu saberei não só o seu feedback, mas também que esta leitura está gerando um valor verdadeiro na sua vida!

leitor_ 1 min
Conhecer#valor
Responder

♡
7

CAPÍTULO 9

Técnicas e dinâmicas para gerar pertencimento, engajamento e comprometimento

> Não é o tanto de informação que uma pessoa acumula
> ao longo da vida que define o seu sucesso, mas, sim, o
> quanto ela transforma informação em ação.
> — *Gislene Isquierdo*

Neste capítulo, você terá uma relação UAU de doze técnicas e dinâmicas para utilizar nas suas apresentações, desde algo mais elaborado para você usar em um treinamento ou palestra até algo simples e discreto para uma reunião corporativa ou uma live. Essas técnicas, pautadas pela psicologia e neurociência, vão ajudar você a gerar pertencimento, engajamento e comprometimento para as pessoas entrarem em ação após sua fala.

Essas doze técnicas já foram testadas e utilizadas milhares (para não dizer, milhões) de vezes e com público extremamente diverso, desde C-level de multinacionais até adolescentes. Pode usá-las com tranquilidade, elas funcionam, pois estão alinhadas ao jeito do cérebro do ser humano funcionar. Mas atenção! Não tire o foco do resultado e do público. Sempre se questione: essa técnica vai me ajudar a alcançar o resultado que desejo ou quero usar só porque eu gostei dela?

1. MÚSICAS UAU

A música tem o poder não só de mudar o estado emocional de uma pessoa – pense só em um filme de suspense ou em uma cena de romance sem a trilha sonora –, como também de ancorar momentos com sentimentos.

Pense numa música que você ama ouvir e que, sempre que toca, você se sente feliz, animado... Agora, pense em uma que você não gosta de ouvir, que até mesmo evita ouvir, uma música que, se estiver ouvindo rádio e ela tocar, você trocará de estação. Pensou?

Muito provavelmente essas músicas o remetem a momentos específicos da sua vida: um que lhe traz boas lembranças, e outro, não.

Quando eu tinha uns dezoito anos, tive um namorado por quem eu era completamente apaixonada (na verdade, ainda tenho uma queda, ou melhor, um precipício por ele...), o qual do nada (nunca é do nada, mas na minha cabeça, naquela época, era) terminou comigo. Meu Deus, como eu sofri! E sempre que ia rezar, pedindo a Deus que aliviasse a minha dor, eu escutava uma música ("Diante do Rei", da banda Vida Reluz – ela também está na playlist deste livro).

Nessa época, minhas irmãs mais velhas já haviam saído de casa, e eu tinha só para mim um quarto relativamente amplo. Nele havia um guarda-roupa, uma mesa de estudo, um espelho pendurado na parede ao lado da cama, a qual tinha um baú de madeira. A janela era grande, mas, como não tinha cortina, eu improvisava colocando um lençol marrom preso às duas janelas estilo ventarola (vitrô). Me lembro de chegar da universidade, falar "oi" para meus pais, ligar a música bem alto (assim eles não me ouviriam chorar, pelo menos era o que eu pensava) e chorar...

O tempo passou, mas passou mesmo, tipo uns vinte anos depois, fiz uma playlist com músicas que eu ouvia com frequência na época em que participava ativamente de grupos de oração e, sem pensar muito, fui adicionando as canções nessa lista. Um belo dia, dirigindo sozinha, de repente começou a tocar "Diante do Rei" na minha playlist, quando senti imediatamente um nó na garganta, uma angústia no peito e vontade de chorar. Uma dor que eu não entendia de onde vinha... Mas eis que, num instante, eu me lembrei, me lembrei de tudo. É como se eu estivesse vendo um filme daqueles momentos: eu, no meu quarto sem cortina, com aquele lençol marrom pendurado, deitada na cama chorando...

A música tem o poder de ancorar estados emocionais negativos e positivos, e podemos nos utilizar desse poder na nossa comunicação.

Dentro das minhas palestras e treinamentos, até mesmo dentro do treinamento on-line Efeito UAU, utilizo muitas músicas, especialmente "Can't Hold Us" (também está na playlist do livro), e ainda trabalho a parte do refrão, elevando o nível de energia e motivação, que diz:

Can we go back?
Podemos voltar?
This is the moment
Este é o momento
Tonight is the night, we'll fight 'til it's over
Esta noite é a noite, vamos lutar até que acabe
So we put our hands up
Então nós colocamos nossas mãos para cima
Like the ceiling can't hold us
Como se o teto não pudesse nos segurar

Questione-se sobre qual estado emocional quer gerar, e escolha uma música para intensificar isso! Além de gerar um estado emocional, você poderá ancorar um momento a uma emoção, e todas as vezes que o público ouvir aquela música específica, tenderá a se lembrar de você.

Lembra a história da palestra que ministrei no Rio de Janeiro, na qual entrei no palco com a música "Cheguei"? Pois é, escolha uma música para "ser sua" e, ao ser chamado para subir ao palco, pense que, com ela, já estará passando uma mensagem, gerando um estado emocional e iniciando sua apresentação! Lembre-se de que a introdução começa antes mesmo de você subir ao palco, e que você deve e pode chegar chegando!

Por fim, quero compartilhar mais duas músicas que eu gosto muito de utilizar dentro dos meus treinamentos em momentos específicos Quando quero fazer uma atividade introspectiva, mas que tenha um nível de energia leve e gostoso, eu utilizo "Life Goes On" (Geoff Zanelli), da trilha sonora do filme *A estranha vida de Timothy Green*. Por outro lado, quando quero fazer uma atividade também introspectiva, mas que tenha um nível de energia profundo e mais emocional, eu utilizo "Now We Are Free" (Hans Zimmer e Lisa Gerrard), da trilha sonora do filme *Gladiador*.

Ah! E uma curiosidade! Sabe aquele namorado sobre o qual contei anteriormente?! Acabamos voltando e, no final das contas, me casei com ele! Por isso eu escrevi: "na verdade, ainda tenho uma queda, ou melhor, um precipício por ele..."! Namoramos (no total) por cinco anos e no dia em que escrevo este livro estamos casados há mais de vinte!

2. FOLLOW-UP – FUP

Quando usar?
✓ Reuniões com equipe.
✓ Treinamentos.
✓ Em situações em que haja um espaçamento entre um conteúdo, um encontro e outro, nas quais a pessoa que está participando tenha tido tempo hábil de aplicar o que já aprendeu e ir medindo seus aprendizados e resultados.

Como usar?
Selecione perguntas para serem feitas e coloque-as nos slides. Após entrar a pergunta número 1, a música fica tocando (eu usualmente utilizo "Life Goes On" nessa dinâmica) o tempo todo enquanto o público responde. Aqui está um modelo de perguntas que uso dentro do treinamento Efeito UAU:

1. Quais mudanças percebo desde que iniciei o treinamento Efeito UAU?
2. Quais foram meus resultados até este momento?
3. De 0 a 10, quão satisfeito estou com o quanto eu já avancei?
4. Quais foram meus três principais aprendizados?
5. Qual resultado eu quero daqui pra frente?
6. O que eu posso fazer ainda melhor?
7. Como eu farei essa melhoria?

Sugestões
✓ Utilize músicas enquanto as pessoas respondem.
✓ Individual – a pessoa responde às perguntas.

- ✓ Dupla – formam-se duplas e um pergunta para o outro. A pessoa que faz as perguntas vai anotando as respostas no caderno (se tiver algum material para anotação) para o outro. Por sua vez, a pessoa que fala só foca isto mesmo: falar. Importante: diga o tempo que a pessoa tem para realizar a atividade. Por exemplo, cada um terá cinco minutos, havendo a troca de papéis: quem estava perguntando passa a responder e vice-versa. Passados os primeiros três minutos, avise que faltam somente dois, pois muitas vezes a dupla entra em estado de *flow* e perde a noção do tempo.

3. APRENDIZADOS E INSIGHTS

Essa é uma técnica simples e muito poderosa, porque... lembra de que o cérebro aprende melhor por agrupamento? Imagine que estou fazendo uma live e digo algo assim:

— UAU! Seja bem-vindo a esta live em que você vai descobrir como falar de forma persuasiva e envolvente... como falar dominando suas emoções e gerando emoção... como falar e deixar todos encantados e magnetizados por você! É exatamente isso que você vai descobrir hoje! E, para isso, vou compartilhar com você cinco pilares... blá-blá-blá...

Agora, imagine que, ao terminar o segundo pilar, eu diga:

— Antes de irmos para o terceiro pilar, escreva nos comentários, em uma palavra ou uma frase, qual é o seu principal aprendizado até este momento.

Ao usar essa técnica, você possibilita que sua audiência fixe mais o conhecimento adquirido, e isso é UAU demais! As palavras que eu mais uso são "aprendizados e insights", mas você pode e deve personalizar de acordo com seu público-alvo; por exemplo, o pessoal do marketing digital gosta de usar a palavra "sacada".

Quando usar?
- ✓ Reuniões com equipe.
- ✓ Treinamentos, palestras, lives.
- ✓ Em situações nas quais você quiser sedimentar o conteúdo já compartilhado.

Como usar?
- ✓ Após apresentar uma parte do seu conteúdo, antes de continuar, faça uma pequena pausa e pergunte qual foi o insight até o momento. Quando faço isso em lives na internet, onde tudo é mais dinâmico, normalmente eu não uso música nem dou tempo, mas, no presencial, dou um tempo de uns trinta segundos a um minuto e meio e coloco uma música de fundo enquanto a pessoa escreve.

Sugestões
- ✓ Utilize músicas instrumentais para que a pessoa se concentre no aprendizado e não em ficar cantando com a letra.

4. MOMENTO DA PARTILHA

Quando usar?
- ✓ Em qualquer situação que desejar gerar integração entre os participantes.

Como usar?

✓ Após a técnica "aprendizados e insights", você pede para a pessoa partilhar o que ela escreveu. Na verdade, aqui você pode fazer algumas variações utilizando um dos princípios da psicologia chamado de "aproximação sucessiva". Assim você proporcionará um senso de pertencimento e integração, além do que, se você quiser chegar ao nível da parte 3, fazer as pessoas partilharem em público, elas se sentirão mais à vontade e seguras para isso.

Parte 1 – a pessoa escreve os seus "aprendizados e insights".
Parte 2 – a pessoa forma uma dupla ou trio e partilha quais foram seus aprendizados.
Parte 3 – você diz que o tempo acabou e pergunta quem gostaria de partilhar seu principal aprendizado com toda a sala.
Parte 4 – após cada pessoa falar, valide o que ela partilhou e agradeça.
Por exemplo:

— Quem gostaria de partilhar seu principal aprendizado? Eu gostaria de ouvir uma, duas, três pessoas... Quem quer partilhar?!

Se você usou o método Efeito UAU, pode ter certeza de que algumas pessoas erguerão a mão. Você então seleciona quem quer ouvir e diz:

— Você, de amarelo, conta para a gente qual seu nome e o principal aprendizado que teve.
— Eu sou o Wilson e meu principal aprendizado foi que usar música é poder! Vou usar daqui pra frente com certeza!
— UAU! Arrasou, Wilson, música é poder mesmo! Gente, palmas para o Wilson.

Sugestões

✓ No momento que a pessoa for partilhar em dupla ou trio os seus aprendizados, coloque uma música. Se, por acaso, for uma partilha mais profunda, coloque uma música instrumental mais motivacional e sentimental, mas, se quiser elevar o nível de energia da sala, coloque uma mais animada (pode ter letra e ser uma música bem conhecida pela audiência) e eleve o volume; assim as pessoas automaticamente falarão mais alto e se aproximarão umas das outras, o que gerará movimento e, consequentemente, energia!

✓ Quando for validar e elogiar a pessoa que participou e pedir "palmas para o fulano", toque outra música bem animada nesse momento! A música fica uns quinze segundos e vai abaixando para que se possa ouvir a próxima pessoa. Isso gera muita energia e ajuda a criar o estado de *flow*.

5. DUPLAS OU TRIOS

Quando usar?
✓ Em qualquer situação que desejar gerar integração entre os participantes.

Como usar?
✓ Peça que as pessoas formem duplas!
— Nossa, Gi, sério que precisou escrever isso no livro?! Aff!
Calma, que tem muito mais!
Se você falar simplesmente "formem duplas", o que acontecerá? Obviamente as pessoas farão duplas com a pessoa que já conhecem ou com a que está bem ao lado delas, mas, se for assim, você não gerará uma real integração entre os participantes, então...
Você fará assim:

— Agora, vocês formarão duplas *(ou trios, depende do que você decidir)*. Mas a sua dupla não pode ser uma pessoa conhecida, senão a técnica não dará certo. Se, por acaso, você conhecer todos da sala, vai com aquela pessoa com quem você tem menos contato no seu dia a dia! Atenção: cada um da dupla terá um "nome". Um será o Tico, e o outro o Teco! Vou pôr a música, formem as duplas e decidam quem será quem... Vocês têm um minuto! Valendo! *(nesse momento começa a tocar uma música bem agitada e animada).*

Sugestões

- ✓ Utilize um slide em que entre a imagem da dupla ou trio citado por você na dinâmica.
- ✓ Brinque com os personagens clássicos ou com os mais modernos, tanto dos desenhos animados quanto do cinema. Para te ajudar a escolher, sempre tenha em mente o público! Eu já utilizei diversos: Mickey, Pato Donald e Pateta, Pink e Cérebro, Tom e Jerry, Zé Colmeia e Catatau, Fred e Barney, Timão e Pumba, Monica e Magali, Chaves, Chiquinha e Kiko, Harry Potter, Hermione e Rony...

6. TIMES OU GRUPOS

Quando usar?
- ✓ Em qualquer situação que desejar gerar integração entre os participantes, quando quiser gerar um senso de pertencimento (isso é UAU demais; no Capítulo 10, explicarei o motivo).

Como usar?
- ✓ Seguindo a mesma ideia da técnica anterior, mas, agora, em vez de dupla ou trio, será um grupo maior.

Fase 1 – peça que formem grupos de quatro ou cinco pessoas (cinco ou seis/seis ou sete, enfim, depende do tamanho da audiência e do objetivo).

Fase 2 – os grupos são formados ao som de uma música (animada, de preferência. Lembre-se que movimento gera energia!).

Fase 3 – oriente a escolha de um nome para o grupo. Aqui normalmente dou uma regra específica, por exemplo:

— Escolham o nome de um animal que represente o seu grupo. Mas, olhem só, nós temos uma fauna gigantesca! Sejam criativos!

A música continua tocando até que eu a pare e então...

Fase 4 – peça que escolham um líder para o grupo, um representante que, no meio da bagunça (que vai acontecer com certeza, e tudo bem, pois queremos integração e energia), será o responsável por colocar ordem na casa.

Sugestões

✓ Para trazer leveza e bom humor, quando for chamar o grupo ou algum integrante dele, chame pelo nome escolhido, por exemplo: "Agora é a vez dos golfinhos! Qual golfinho virá aqui na frente apresentar quais foram os principais aprendizados do dia?". O golfinho vai e fala e então: "Palmas para o golfinho!".

✓ E, como você já sabe, na hora que pede palmas, entra uma música.

7. INTEGRAÇÃO UAU

Quando usar?

✓ Em qualquer situação que desejar gerar integração entre os participantes. No entanto, para essa técnica, precisamos de um espaço onde as pessoas possam andar pela sala. E eu gosto também de garantir que o número de participantes seja par, mas, caso não for, eu convido alguém que está de staff do evento para participar.

Como usar?
✓ Imagine-se dizendo algo como:

— Agora vamos parar de falar e vamos entrar em ação! Como vai funcionar? Vocês ficarão em pé e, ao ouvir a música, andarão pela sala... andem do jeito que quiserem: em sentido horário, anti-horário, de frente, de ré, não importa! Podem até mesmo andar no ritmo da música. Quando eu parar a música, vocês formarão duplas! Dupla de dois! Não é de três ou quatro! (as pessoas vão rir).

— Por que só de duas pessoas, Gi?
— Porque o tempo será bem curto e, se estiverem em três, alguém sairá prejudicado!

— Então, vocês andarão pela sala no ritmo da música. Quando ela parar de tocar, vocês deverão formar duplas e, então, olhar para o slide. Nele terá uma pergunta, à qual vocês terão trinta segundos para responder. Quinze segundos um fala e quinze o outro. Tem que ser rápido!

✓ Na verdade, eu não deixo só trinta segundos, mas coloco uma pressão para realmente formarem duplas e não trios! Analiso o tempo certo conforme o andamento da dinâmica. Por exemplo, no caso de perguntas que são mais rasas e as pessoas respondem super-rápido, normalmente eu as coloco no começo da interação para ir aquecendo. Depois vou analisando e decidindo quanto tempo dou.

— Quando a música tocar, vocês andam pela sala! A música parou, vocês formam as duplas e têm trinta segundos para falar sobre o tema que estará nos slides... A música voltou a tocar... andam pela sala e assim sucessivamente. Prontos? Então, bora começar!

Vou colocar aqui alguns tópicos para perguntas, mas você pode colocar o que quiser! Sempre pense no objetivo da dinâmica e no resultado que deseja com ela. Analise também o tempo que tem para realizá-la.

Slide 1
- Nome
- Idade (se quiser "pular", pode!)
- Cidade onde nasceu
- Cidade em que reside

Slide 2
- Quando era criança...
- Qual era sua brincadeira favorita?
- Qual era seu sonho?

Slide 3
- O que te motiva... te deixa animado e cheio de vontade de realizar?

Slide 4
- Três conquistas que você teve ao longo da vida?
- Três conquistas que teve este ano?

Slide 5
- O que te irrita?

Slide 6
- Três sonhos que deseja realizar?

Slide 7
- Quais são seus cinco pontos mais fortes?

Slide 8
- Quais são as três "coisas" mais importantes para você na sua vida?

Slide 9
- Ao que e a quem você é grato na sua vida pessoal e profissional?

Slide 10
- Voltando para os lugares!

Sugestões
- ✓ Utilize músicas bem animadas. Sabe aquelas que, quando tocam em festas de casamento, formatura, praticamente todas as pessoas dançam? Então, essas músicas!
- ✓ Cada vez que tiver dado o tempo de resposta da pergunta em questão, o slide com a pergunta permanece na tela, mas entra uma nova música e as pessoas voltam a andar pela sala. Eu gosto de colocar a música quase no ápice dela, pois às vezes a introdução é longa e, até chegar ao momento mais gostoso dela, demora demais, então edito a música e a coloco para tocar no minuto estratégico!

8. QUIZ UAU

Quando usar?
- ✓ Palestras, aulas, treinamentos, cursos, lives, vídeos.

Como usar?

✓ Para lhe falar como usar, vou resgatar o Capítulo 3 deste livro no qual eu trouxe a técnica número 5 "foque o que mais importa" e, em vez de trazer o conteúdo direto, eu fiz o seguinte quiz:

"O que mais importa numa apresentação? O que mais importa ao expressar suas ideias? O que mais importa ao levar sua mensagem?
A) Ser entendido.
B) Ser reconhecido.
C) Ser aplaudido.
D) Gerar valor para o público".

O "Quiz UAU" tem a função de trazer o público para perto, de fazer com que ele saia do papel passivo de somente receber a informação para o ativo, e adivinha... Isso ajuda a gerar o estado de *flow*!

A forma de o público participar pode ser erguendo a mão, se for presencialmente, ou comentando no chat, se for on-line. As duas formas superfuncionam! E, se você quiser, ainda pode presentear a pessoa que responder corretamente.

Ah! E ainda há outra possibilidade: se você não quiser expor as pessoas pedindo para manifestarem a resposta delas, você pode somente pedir que pensem na alternativa. Mesmo que você só faça isso, já vai ser UAU!

Sugestões

✓ Dentro de uma palestra, aula ou live de quarenta minutos, utilize no máximo dois quizzes!

9. NÍVEL DE SATISFAÇÃO

Quando usar?
✓ Palestras, aulas, treinamentos, cursos, workshops, lives.
✓ Reuniões com o time.

Como usar?
✓ Você pode colocar a imagem no slide e pedir que cada um faça um desenho ou pode entregar um papel (se for on-line, pedir que façam download e imprimam) com a técnica em si.
✓ Essa técnica pode ser utilizada analisando o que você quiser. Ela funciona como um inventário, como um exercício que não tem certo nem errado, mas que revela como o participante está hoje.
✓ Para empregar essa técnica, gosto de utilizar um gráfico estilo pizza como o indicado na figura. Nele, eu dividi a pizza em doze fatias, mas você é quem decide em quantas fará.
✓ Para cada fatia, você selecionará, por exemplo, uma competência a ser analisada. Você se lembra de que, no Capítulo 1, vivenciou essa dinâmica? É assim que você a aplicará na sua audiência: selecione as competências que deseja e então siga as orientações a seguir.

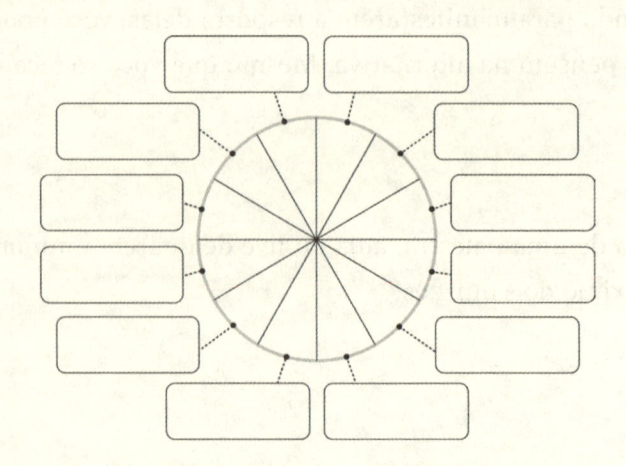

Imagine que você vai ministrar uma live (palestra on-line) sobre liderança e então diz:

Para realmente ser um líder UAU, você precisará de várias competências-chave, mas fique tranquilo, pois terá acesso ao mapa de todas elas nesta live. Mas, antes de eu lhe entregar esses mapas, você precisa fazer um rápido e sincero diagnóstico de onde você está. Vamos fazer esse diagnóstico através de uma técnica chamada nível de satisfação.

Vamos lá?!

Para começar, vou fazer doze perguntas, e para cada uma delas você vai responder de 0 a 10. 0 significa exatamente o jeito que você não quer estar, ou seja, você está absolutamente insatisfeito. 10 significa exatamente o jeito que você quer estar, ou seja, você está absolutamente satisfeito, é o jeito UAU!

Vamos analisar o jeito que você está hoje. Este diagnóstico é como se fosse uma foto sua de agora! Não se preocupe, não tem certo nem errado, só tem o jeito que você está neste momento: quanto mais verdadeiro você for, mais assertivo será o programa de desenvolvimento que traçaremos para você daqui para a frente!

Ouça cada pergunta com atenção e, num papel, anote o número dela e, na frente, o número da sua resposta, que, como disse anteriormente, poderá ser de 0 a 10!

De 0 a 10, quão satisfeito você está com a sua habilidade de controlar as emoções quando está sob pressão?

De 0 a 10, quão satisfeito você está com a sua comunicação?

De 0 a 10, quão satisfeito você está com a sua habilidade de delegar?

De 0 a 10, quão satisfeito você está com a sua habilidade de dar feedback?

De 0 a 10, quão satisfeito você está com a sua habilidade de conduzir reuniões?

De 0 a 10, quão satisfeito você está com a sua habilidade de estabelecer conexões e fazer networking?

De 0 a 10, quão satisfeito você está com a sua habilidade de inspirar confiança?

De 0 a 10, quão satisfeito você está com a sua habilidade de motivar o time?

De 0 a 10, quão satisfeito você está com a sua habilidade de treinar e desenvolver pessoas?

De 0 a 10, quão satisfeito você está com a sua habilidade de gerenciar mudanças e crises?

De 0 a 10, quão satisfeito você está com a sua habilidade de ter escuta ativa e empatia?

De 0 a 10, quão satisfeito você está com a sua habilidade de criar e inovar?

Agora, desenhe um círculo e o divida em doze pedaços, assim como mostra esta imagem.

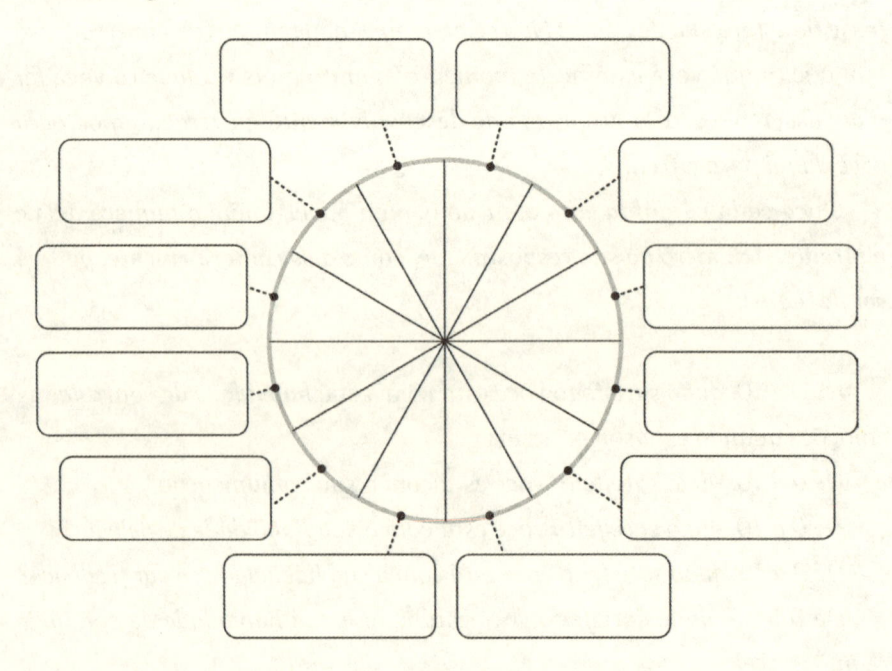

E, dentro de cada um desses espaços, você vai escrever o seguinte:

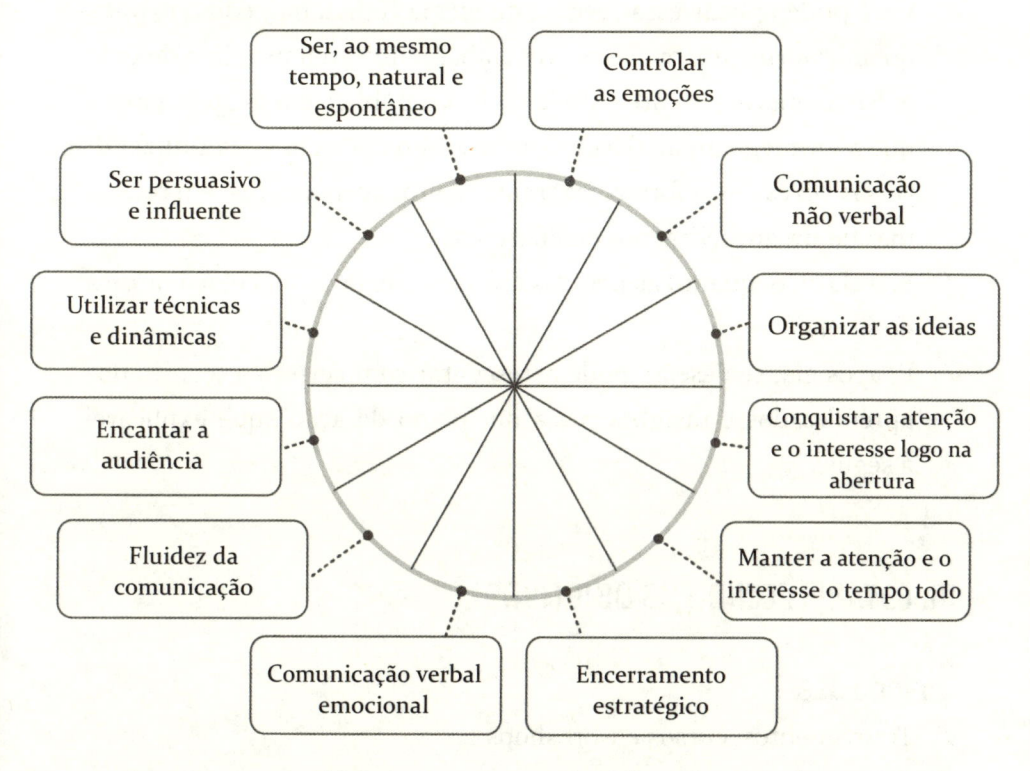

- Ser, ao mesmo tempo, natural e espontâneo
- Controlar as emoções
- Comunicação não verbal
- Organizar as ideias
- Conquistar a atenção e o interesse logo na abertura
- Manter a atenção e o interesse o tempo todo
- Encerramento estratégico
- Comunicação verbal emocional
- Fluidez da comunicação
- Encantar a audiência
- Utilizar técnicas e dinâmicas
- Ser persuasivo e influente

Agora, pegue um lápis preto ou, se preferir, lápis de cor, e dentro de cada uma das fatias do gráfico a seguir preencha a sua roda da liderança. Pense que o centro da roda é 0, e a borda é o 10. Pinte cada uma das áreas segundo a análise anterior.

Se soltássemos essa roda numa descida, a sua liderança fluiria ou seria truncada?

Cada vez que sua liderança sai truncada, você perde oportunidades, você fica para trás, se frustra... se machuca, machuca as pessoas ao seu redor e vai ficando cada vez mais ferido e fraco.

Chegou o momento de mudarmos isso!

E, então, você começaria o conteúdo em si da sua live sobre liderança.

Sugestões
- ✓ Você pode aplicar essa técnica de forma individual, como explicado anteriormente, ou, se estiver trabalhando com um time de uma mesma empresa ou área, pode dividir o público em grupos e pedir que a empreguem analisando a área ou o time em si. Já utilizei diversas vezes dessa forma em treinamentos corporativos, em programas de desenvolvimento de liderança.
- ✓ E, é claro, enquanto as pessoas fazem o que pedi, eu coloco música de fundo.
- ✓ E, após ela, se desejar, pode acrescentar com certeza a técnica dos "aprendizados e insights" ou a do "plano de ação", que explicarei a seguir.

10. ESTABELECENDO OS OBJETIVOS

Quando usar?
- ✓ Treinamentos, cursos e workshops.
- ✓ Reuniões com o time.

Como usar?
- ✓ Você traz perguntas estratégicas e dá um tempo para cada pessoa as responder. Utilizo essa técnica após a introdução, antes de entrar no conteúdo do treinamento (reunião, curso...). A ordem das perguntas é bem estratégica. Vou compartilhar com você as que mais utilizo:

1. Quais são seus três principais objetivos com este curso?
2. O que você ganha ao alcançá-los?
3. O que você perde se não alcançá-los?

4. Depende de quem?
5. Quão comprometido você está?
6. O que você pode fazer agora para já se mover rumo ao alcance do seu objetivo?
7. Por que é importante aprender/alcançar isso?

Sugestões
✓ Você pode fazer de forma individual ou em duplas.
✓ Coloque uma música, de preferência instrumental. Eu particularmente gosto de usar "Life Goes On", trilha sonora do filme *A estranha vida de Timothy Green*, como citei anteriormente; mas fique à vontade para escolher outra!

11. PLANO DE AÇÃO

Quando usar?
✓ Palestras, aulas, treinamentos, cursos, workshops, lives.
✓ Reuniões com o time.

Como usar?
✓ Você traz perguntas estratégicas e dá um tempo para cada pessoa as responder. Utilizo essa técnica já na conclusão da minha fala e a ordem das perguntas é bem estratégica. Vou compartilhar com você as que mais utilizo, mas, para que a sua vivência seja ainda mais UAU, convido-o a respondê-las (sugiro que, ao fazer isso, ouça a música "Now We Are Free", que está na playlist compartilhada neste livro. Escaneie o QR Code da página 33 e acesse agora)!

1. Ao longo de toda a sua leitura, quais foram seus três principais aprendizados e insights?

....
....
....
....
....

2. Pensando em todos os seus aprendizados e insights, quais serão as suas ações a partir de agora?

....
....
....
....
....

3. Você já aprendeu o poder dos pensamentos que geram sentimentos, que influenciam os comportamentos e que são eles que geram os resultados. Então, quais serão os seus pensamentos UAU a partir de agora (ouça sua voz UAU e não sua voz sabotadora)?

....
....
....
....

4. Imagine que você entrou em ação todos os dias, vivenciando "hoje melhor do que ontem, hoje melhor do que ontem... sempre!". Imagine

que você está nesse processo de entrar em ação e melhoria contínua por um mês a partir de hoje. Projete-se no futuro e imagine o que você ganhará entrando em ação.

....
....
....
....
....

5. E se você procrastinar, o que perderá por não entrar em ação?

....
....
....
....

6. De 0 a 10, quão comprometido você está em entrar em ação e realmente fazer acontecer?

....
....
....
....

7. Depende de quem fazer isso acontecer? Se você entender que depende de você, assine seu plano de ação:

....
....

8. Por último, responda por que foi importante esta leitura até este momento?

....
....
....

Sugestões

- ✓ Você pode fazer de forma individual ou em duplas. Por exemplo, se no decorrer da sua apresentação você tiver conduzido alguma dinâmica em dupla e ela já tiver gerado uma boa conexão, nesse momento do plano de ação você resgata a dupla e cada um faz a pergunta para o outro.
- ✓ Coloque uma música. Eu particularmente gosto de usar "Now We Are Free", trilha sonora do filme *Gladiador*, como citei anteriormente; mas fique à vontade para escolher outra, minha sugestão é que seja uma música instrumental que induza a um momento reflexivo e motivacional.
- ✓ Repare que a última pergunta é "por que foi importante", e aqui eu já uno com a técnica da partilha e fecho elevando o nível de energia!

12. A POSE DO PRINT

Quando usar?
- ✓ Principalmente em lives, cursos e aulas ou eventos on-line.

Como usar?

✓ Em um momento específico, você faz uma pose especial para uma foto, solicita que sua audiência faça um print da tela e, após sua live, que cada um faça um post, por exemplo, nos Stories do Instagram e marque o seu @.

Em especial, gosto de fazer isso no pico da audiência da live. Sabe quando você vê o número de pessoas que está ali ao vivo só crescendo e crescendo e pensa: *UAU! Olha quanta gente! Isso é UAU demais!* Nesse momento, você pode pedir, mas é claro que tem que contextualizar pra isso. Não vá do nada interromper seu raciocínio e pedir o print!

Outra ação que gosto muito de fazer, e você já deve ter reparado, é "casar" as técnicas, então eu gosto de pedir a pose do print com uma parte do "plano de ação". Eu digo assim:

— Depois que eu encerrar a live, poste nos seus Stories a pose do print de hoje, marque o meu perfil @gisleneisquierdo, e escreva por que esta live foi importante para você. Escreva qual foi o seu principal aprendizado. Eu estarei de olho e vou postar os três mais fortes. Capriche! Quem sabe eu reposto o seu Sories no meu perfil do Instagram?

Ah! Tive uma ideia! Que tal agora mesmo você escrever dentro deste post-it qual foi um insight que teve com a leitura deste capítulo e fazer uma foto, postar no seu Stories do Instagram e marcar o meu perfil @gisleneisquierdo e #FaleBemeInfluenciePessoas?
Quem sabe eu reposto o seu post no meu perfil?
Ficarei muito feliz, e sua ação inspirará outras pessoas a também se desenvolverem!

— Gi do céu, que loucura! São tantas... como escolher qual usar e qual não?

Sempre, sempre, sempre ao escolher, você vai responder a estas duas perguntas:

1. Essa dinâmica vai me ajudar a alcançar o resultado?
2. Tem a ver com o público?
   E serão elas que o ajudarão a tomar a decisão de utilizar ou não!
   E, para fechar este capítulo, reforço:

Não é o tanto de informação que uma pessoa acumula ao longo da vida que define o seu sucesso, mas, sim, o quanto ela transforma informação em ação.

Ao montar sua apresentação, sua aula, sua live, sua reunião, não foque apenas o conteúdo. Sim, o conteúdo é importante, e ele precisa gerar valor na vida das pessoas; mas, se você quiser realmente ter um Efeito UAU, traga atividades, faça o público se sentir parte! Não precisa ter receio! Confie no método e arrase!

ANÁLISE DO MÉTODO EFEITO UAU

> 🔍 Logo na introdução, eu trouxe elementos de agrupamento e autoridade quando disse que seriam doze técnicas pautadas pela psicologia e neurociência.
>
> 🔍 Quando falei sobre as músicas, trouxe uma forma de contar história detalhando o ambiente (lençol marrom pendurado na janela), o que leva o público (no caso, você) a criar dentro da mente a imagem que foi descrita, e isso é UAU demais! Não é algo que você deva usar o tempo todo na sua fala, pois fica cansativo, mas, em um momento específico e na dose certa, fica UAU!
>
> 🔍 Trouxe humanização ao contar sobre quando chorei com o término do namoro, e bom humor ao contar que me casei com esse namorado.
>
> 🔍 Para fazer a conclusão deste capítulo, resgatei a frase de impacto que coloquei para abrir o capítulo, e então elevei seu nível de confiança em usar o método.

> 🔍 E, pensando em técnicas e análise, você já sabe que a técnica que utilizo no final de cada capítulo (e que neste será um pouco diferente) tem um porquê! Terminar cada um dos capítulos escrevendo e partilhando seus aprendizados tem um motivo psiconeurológico muito importante. Continue fazendo isso!

Quais foram seus três principais aprendizados até aqui? Escreva também de qual técnica você mais gostou e o porquê!

....
....
....
....
....
....
....

    E o convido a compartilhar comigo quais foram seus aprendizados! Isso é muito importante, porque assim eu saberei não só o seu feedback, mas também que esta leitura está gerando um valor verdadeiro na sua vida!

leitor_ 1 min
Engajamento#valor
♡
7
Responder

CAPÍTULO 10

Técnicas e princípios de persuasão: como ser persuasivo de forma espontânea e natural

> Somos uma peça na engrenagem do outro. Nós sempre somos aprendizado na vida do outro, assim como o outro é para nós, e os principais elementos para essa engrenagem funcionar são o amor e a verdade. Onde não há amor e verdade, não é o meu lugar.
> — *Gislene Isquierdo*

Por que abri este capítulo com a frase acima? No final deste parágrafo, eu revelarei... E, para começar, o que é persuasão e por que ela é tão desejada? Persuasão é a arte de, por meio da sua comunicação, influenciar outras pessoas a tomarem uma atitude, entrarem em ação ou aceitarem uma ideia. E é cem por cento possível fazer isso de forma ética, verdadeira, estratégica e natural ao mesmo tempo! E justamente para ajudá-lo nisso é que, agora, compartilharei com você 35 técnicas e princípios de persuasão. Alguns explicarei de forma mais minuciosa e em outros serei bem breve! A psicologia e a neurociência são conhecimentos extremamente poderosos, portanto use-os com amor e verdade!

As 35 técnicas e princípios foram organizados por ordem alfabética, exceto a última técnica, que eu escolhi de propósito e com propósito para fecharmos este capítulo com chave de ouro!

1. ANCORAR O VALOR

Antes de explicar, quero convidá-lo a imaginar a cena...

Wilson está viajando pela Europa com sua esposa para celebrar os dez anos de matrimônio, e quer dar um presente muito especial para ela. Wilson sai dizendo que vai ao mercado comprar alguns utensílios de higiene e aproveita para ir a uma loja próxima ao hotel para ver um presente para a amada.

Ao entrar na loja, uma vendedora muito simpática com cabelos grisalhos e de vestido florido verde, cor que ressalta seus olhos, olhou para ele e logo foi atendê-lo, sorrindo. Ela lhe mostrou diversas opções, mas Wilson se encantou com os porta-joias, que eram caixas de música artesanais. Ele se lembrou de que a esposa já havia contado que ela tinha uma caixa de música quando criança e que um dia gostaria muito de ter outra.

Dentro das opções que a vendedora trouxe, duas eram caixas de música e, detalhe, aparentemente iguais: mesmo tamanho, mesma música, até a cor era igual, só mudava o tom... uma era azul mais claro e a outra mais escuro. No entanto, a caixa azul-clara custava € 160 e a azul-escura, € 100.

Eu tenho duas perguntas para você:

1. Qual das caixas você imagina que Wilson comprou para a esposa: a caixa azul-clara de € 160 ou a azul-escura de € 100?
2. Qual era a cor dos olhos da vendedora?

Vamos à técnica em si e à explicação do porquê de eu ter contado essa história.

O que é caro é bom!

Primeiro, existe uma crença social de que "o que é caro é bom" e, se Wilson tem (aparentemente) dois produtos "iguais" (e dinheiro não é um problema para ele), mas um produto é muito mais barato que o outro, logo ele desconfia que o produto caro é muito melhor que o outro.

Quando você for vender algo, mesmo que de repente haja um valor promocional, é importante que você ancore o valor para que assim a percepção do seu cliente seja: "Nossa, isso é caro, mas neste momento está por um valor ótimo, vou aproveitar".

Vamos imaginar que a vendedora diga algo assim para o Wilson:

"A caixa azul-clara está por € 160, e a azul-escura, por um valor especial neste fim de semana: de € 160 por somente € 100. Só temos mais duas unidades! Que tal o senhor aproveitar essa oportunidade e levar uma de cada? Se é um sonho de criança, sua esposa vai amar!"

Volto a perguntar:

O que você imagina que Wilson comprou de presente?

Wilson, que antes estava em busca de um presente, agora se vê diante da possibilidade de comprar dois e praticamente iguais, tudo porque a percepção de valor foi trabalhada na mente dele!

Wilson compra as duas caixas de música para sua esposa e ainda o faz pensando que foi um ótimo negócio, afinal ele aproveitou uma superoportunidade, já que, além de só durar por um fim de semana, só restavam mais duas peças.

Antes de dizer o valor de algo, ancore-o. Na última pergunta feita pela vendedora, ela ancorou o valor da caixa azul-escura:

"A caixa azul-clara está por € 160, e a azul-escura, por um valor especial neste fim de semana: de por € 160 por somente por € 100".

Assim, a caixa vale € 160,00, mas ele pagou só € 100,00.

Percebemos a utilização dessa técnica na venda de carro com seus acessórios e também de infoprodutos, principalmente cursos on-line (os valores dos exemplos a seguir são fictícios).

Exemplo 1

Acesso anual:
- ✓ Treinamento Efeito UAU – R$ 4.000,00
- ✓ Curso – "Mapa da persuasão" – R$ 1.000,00
- ✓ Curso – "Dominando o território digital" – R$ 1.000,00
- ✓ Curso – "Como criar seu produto digital" – R$ 1.000,00
- ✓ Acompanhamento do seu Instagram com feedback – Valor imensurável
- ✓ Grupo no Telegram para acompanhamento e networking – Valor imensurável
- ✓ Mentoria mensal em grupo para tirar dúvidas durante um ano – R$ 12.000,00

Entrando agora para o treinamento Efeito UAU, você terá acesso a tudo o que foi listado anteriormente por somente R$ 2.997,00!

Exemplo 2
- ✓ Jipe zero-quilômetro – R$ 240.000,00
- ✓ Banco de couro
- ✓ Pintura metálica
- ✓ Jogo de tapetes
- ✓ IPVA e documentação
- ✓ Mão de obra de revisão gratuita por um ano

Fechando agora, eu consigo fazer para você os mesmos R$ 240.000,00 com todos os acessórios e serviços listados anteriormente.

2. ARREPENDIMENTO

Envolva a pessoa para fazer algo quando ela estiver se sentindo arrependida. O arrependimento é um sentimento poderoso e aversivo. Com uma comunicação persuasiva, você aumenta a probabilidade de levá-la a tomar a decisão de fazer ou de comprar "X" se, ao fazer essa ação, impedir que ela se sinta arrependida novamente.

Vamos a um exemplo:

Você conhece alguém que, antes do ano de 2020, já sabia da necessidade e importância de se posicionar no mundo digital, mas que por algum motivo não o fez?

Você conhece alguém que, antes do ano de 2020, já sabia que era importante saber gravar vídeos e fazer lives de forma persuasiva e natural, mas que por algum motivo não o fez?

Wilson é essa pessoa. Ele é um psiquiatra muito conceituado e que sabia de tudo isso, mas por "n" justificativas não focou e se dedicou a se posicionar no mundo on-line!

Veio a pandemia e colegas de profissão, que eram visivelmente inferiores a ele, se posicionaram e, hoje, têm milhares de seguidores, passaram a ser contratados para ministrar palestras e dar entrevistas, foram contratados para escrever livros e lançaram cursos, sem contar que os teleatendimentos bombaram durante a pandemia, e hoje a clínica deles é referência nacional, o que gera valorização e reconhecimento incríveis.

Wilson quer se posicionar e entrar de vez para o mundo digital, mas, quando vai gravar, perde muito tempo. Sem contar que, diversas vezes, ele grava, grava e grava... deleta, deleta e deleta... Ele já perdeu, e continua perdendo, muito tempo e dinheiro.

Wilson é um dos perfis que eu, Gislene Isquierdo, atraio com meus conteúdos nas redes sociais. Quando, lá em novembro de 2019, ele viu um vídeo meu convidando-o a se matricular no treinamento Efeito UAU e aprender de uma vez por todas a dominar a comunicação e a estratégia do mundo digital, ele disse a si mesmo:

Estou muito ocupado! Minha vida está muito corrida! Assim que eu conseguir colocar as coisas em ordem, me concentrarei nisso.

Adivinha? O tempo passou, e ele continua com a vida corrida, mas agora ele está ficando para trás... está comendo a poeira deixada pelos seus concorrentes. Ele se sente frustrado e com certa raiva e inveja do seu colega de trabalho, que está indo de vento em popa...

O que eu preciso fazer para levar Wilson a tomar a decisão de comprar meu treinamento? Isso mesmo: gerar o sentimento de arrependimento nele e, ao fazer isso, convidá-lo a escrever uma nova história daqui para a frente, sem arrependimentos.

Pense na data em que estamos hoje: dia, mês e ano... pensou? Imagine como Wilson estaria se ele tivesse tomado a decisão lá atrás?

Talvez você conheça alguns "Wilsons" por aí...

Enfim, para fechar essa técnica, convido você a refletir sobre o que falamos até agora com esta frase:

Justificativa é a escora do fracasso.

3. AUTORIDADE

Mostre na sua comunicação verbal ou não verbal elementos de autoridade para que as pessoas queiram ouvi-lo. Exemplos: tempo de atuação profissional, resultados gerados, clientes atendidos ou elementos de imagem (falarei disso ainda neste capítulo).

4. CONFIE PRIMEIRO

Se você quiser persuadir e influenciar, o público precisa sentir confiança em você. Há várias formas de fazer isso, sendo a "autoridade", citada no tópico anterior, uma delas. Mas é necessário algo que faça o público confiar em você, algo que seja muito poderoso! Uma maneira de alcançar isso é fazendo essa confiança partir primeiro de você, e aqui vem algo disruptivo...

Na "autoridade", você mostra que é forte, que tem títulos, que é f🔔ão (entendeu o que quis dizer com a 🔔 aí, né?!). Mas, dentro do princípio de "confie primeiro", você mostra sua vulnerabilidade, suas fraquezas, seu defeitos, seus fracassos, sua humanidade. E isso gera muita, mas muita conexão mesmo! Agora, é claro que, como você já aprendeu, você escolhe, de forma estratégica, qual parte falar, já que a escolha é pautada no resultado e no público (e sempre com amor e verdade)!

5. CONGRUÊNCIA

O ser humano tem a necessidade de ser congruente, coerente com o que ele se compromete, então, em algum momento, faça sua audiência se comprometer com você. Talvez você se recorde, talvez não, mas no final do Capítulo 1 eu fiz esta pergunta:

De 0 a 10, quão comprometido você está em se desenvolver?

Não foi à toa! Eu estava usando em você a técnica de persuasão, a técnica da congruência! Por fim, quando for utilizá-la, faça a audiência se comprometer publicamente. Será muito poderoso!

6. CRIE VÍNCULOS

É muito mais difícil o outro dizer "não" se ele gostar de você, mas, se ele "não desgostar", o "não" virá com facilidade!

7. DADOS

Cite dados de pesquisas, dados da empresa, dados do mercado, não sei quais... mas cite dados! E, se quiser, você ainda pode casar esse princípio com a técnica número 34, o que o deixará ainda mais poderoso.

8. DEPOIMENTOS

Imagine que Wilson queira um aspirador de pó novo para sua casa e planeje fazer a compra on-line, mas está em dúvida entre a marca A ou a B. O que ele faz? Pesquisa na internet para ver a opinião das pessoas sobre o aspirador de pó A e o B.

Os depoimentos podem ser no formato de vídeo ou texto, já que eles são provas sociais de que determinado produto ou serviço é realmente bom ou não, por isso as avaliações deixadas na internet são cada vez mais valorizadas pelas marcas e empresas. Mas por que será que essa técnica de persuasão é cada vez mais valorizada no mundo atual? Responderei a essa pergunta ao mostrar a técnica número 25. Aguarde! Antes, vamos a exemplos de depoimentos em texto e, logo em seguida, mostrarei quais perguntas você pode fazer para coletar depoimentos UAU dos seus clientes!

Exemplos

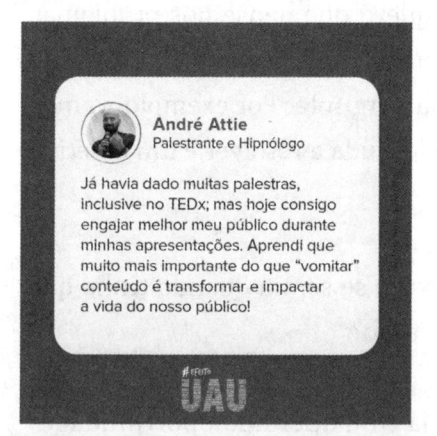

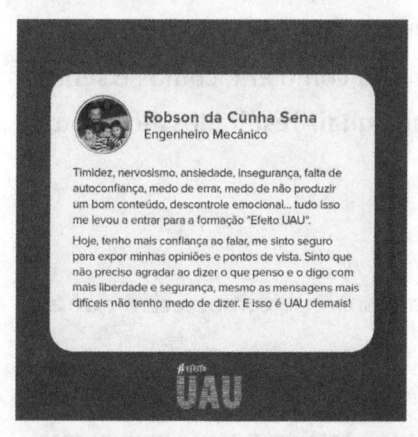

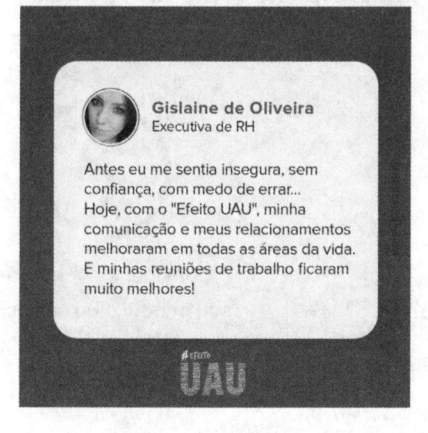

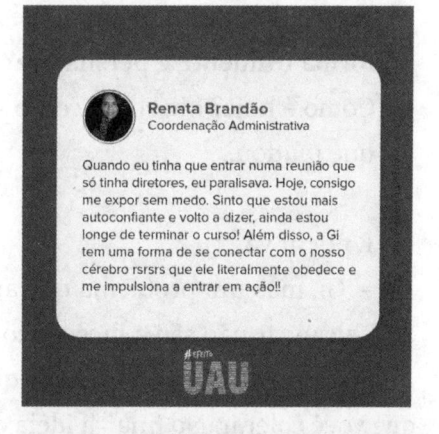

André Attie
Palestrante e Hipnólogo

Já havia dado muitas palestras, inclusive no TEDx; mas hoje consigo engajar melhor meu público durante minhas apresentações. Aprendi que muito mais importante do que "vomitar" conteúdo é transformar e impactar a vida do nosso público!

#Efeito UAU

Juliano Machado
Médico Ortopedista

Sou muito mais autoconfiante, tenho muito mais clareza e estruturação da mensagem que eu quero passar, minha criatividade e poder de persuasão melhoraram, melhorou inclusive a minha vontade em aprender e buscar novos desafios e objetivos! Isso tudo é um "Efeito UAU".

#Efeito UAU

Robson da Cunha Sena
Engenheiro Mecânico

Timidez, nervosismo, ansiedade, insegurança, falta de autoconfiança, medo de errar, medo de não produzir um bom conteúdo, descontrole emocional... tudo isso me levou a entrar para a formação "Efeito UAU".

Hoje, tenho mais confiança ao falar, me sinto seguro para expor minhas opiniões e pontos de vista. Sinto que não preciso agradar ao dizer o que penso e o digo com mais liberdade e segurança, mesmo as mensagens mais difíceis não tenho medo de dizer. E isso é UAU demais!

#Efeito UAU

Renata Brandão
Coordenação Administrativa

Quando eu tinha que entrar numa reunião que só tinha diretores, eu paralisava. Hoje, consigo me expor sem medo. Sinto que estou mais autoconfiante e volto a dizer, ainda estou longe de terminar o curso! Além disso, a Gi tem uma forma de se conectar com o nosso cérebro rsrsrs que ele literalmente obedece e me impulsiona a entrar em ação!!

#Efeito UAU

Gislaine de Oliveira
Executiva de RH

Antes eu me sentia insegura, sem confiança, com medo de errar...
Hoje, com o "Efeito UAU", minha comunicação e meus relacionamentos melhoraram em todas as áreas da vida. E minhas reuniões de trabalho ficaram muito melhores!

#Efeito UAU

Ana Martini
Consultora de carreira

Com a formação "Efeito UAU" eu realizei uma palestra para 2.500 pessoas e ao final todas me aplaudiram de pé!
Nesse momento pensei:
"UAU! Viva a Gi"!!

#Efeito UAU

Quais perguntas devem ser feitas ao seu cliente para coletar depoimentos UAU? Para responder a isso, quero que pense nos problemas resolvidos pelo seu produto e nos objetivos que ele ajuda a alcançar, e cada um desses pontos pode virar uma pergunta. Por exemplo, vamos pensar neste livro: um problema que ele ajuda a resolver e um objetivo que ele ajuda a alcançar.

- Antes da leitura deste livro, como você se sentia quando tinha que fazer a introdução de uma apresentação?
- Como você se sente hoje?
- Antes da leitura deste livro, você já tinha perdido oportunidades profissionais, financeiras, pessoais por não saber se expressar de forma influente e persuasiva? Me conta como era, como se sentia.
- Como é hoje? Me conta como se sente, quais resultados alcançou, o que mudou...

E por aí vai...

— Gi, mas um problema que ajuda a resolver e um objetivo que ajuda a alcançar não são a mesma coisa?

Pode ser que sim, pode ser que não, tudo depende das respostas que você coletar. No final, a ideia é que uma resposta some com a outra.

- Como era a sua vida antes de "X"?
- Quais dificuldades você tinha?
- Quais oportunidades perdia?
- Quais desafios enfrentava?
- Como se sentia por passar por isso?

Considere "X" como seu produto ou serviço.

> - Qual era o impacto disso na sua vida profissional, familiar e financeira? Qual era o impacto disso na sua autoestima e na sua saúde física e mental?
> - Quando chegava em casa e se deitava para dormir, como era?
> - O que você dizia para si mesmo?

Repare que, ao aprofundarmos as camadas das perguntas/respostas, o objetivo é chegar ao fundo de como a pessoa se sentia, o que muito provavelmente ela tinha muita vergonha de assumir, mas, como agora está transformada e virou sua fã, é eternamente grata pelo que você, de certa forma, proporcionou na vida dela. E, agora, ela fala com mais espontaneidade.

> - Como está a sua vida agora com/após "X"?
> - Quais resultados você percebe?
> - Tem enfrentado alguma dificuldade? Como lida com ela?
> - Quais oportunidades você passou a ter/tem?
> - Como se sente hoje?
> - Qual era o impacto disso na sua vida profissional? Financeira? Na sua saúde? Na sua vida familiar? Na sua autoestima? (E por aí vai...)
> - Quando chega em casa e se deita para dormir, como é?
> - O que você diz para si mesmo?

Seguimos, praticamente, a mesma ideia do bloco de perguntas do antes de "X", mas agora queremos saber da transformação, de como está a vida da pessoa.

Tanto no antes como no após "X", quanto mais concretas forem as respostas, melhor. Isso ajudará no convencimento do seu próximo cliente, pois você terá uma transformação mais palpável. Porém, não subestime as respostas subjetivas.

— Como assim, Gi?

Após termos as respostas mais objetivas e concretas, precisamos chegar ao subjetivo e aos sentimentos mais profundos. Vou lhe dar um exemplo, resgatando, inclusive, uma das histórias que contei para você.

Você se lembra de Gabi Salles?

A Gabi, após sua palestra, fechou muitos novos negócios, passou a ser muito mais valorizada profissionalmente, seu nome e sua marca tiveram o valor elevado no mercado. Ela já era poderosa antes, mas sua comunicação não refletia isso. Após a palestra no FIRE, em 2022, seu posicionamento, sua carreira, seus negócios explodiram. Hoje, quando Gabi se deita para dormir, quando ela se olha no espelho, ela se sente satisfeita e não mais frustrada e triste, mas verdadeiramente poderosa e não sofre mais com a síndrome da impostora. Você consegue imaginar o reflexo que isso tem na vida dela como um todo?!

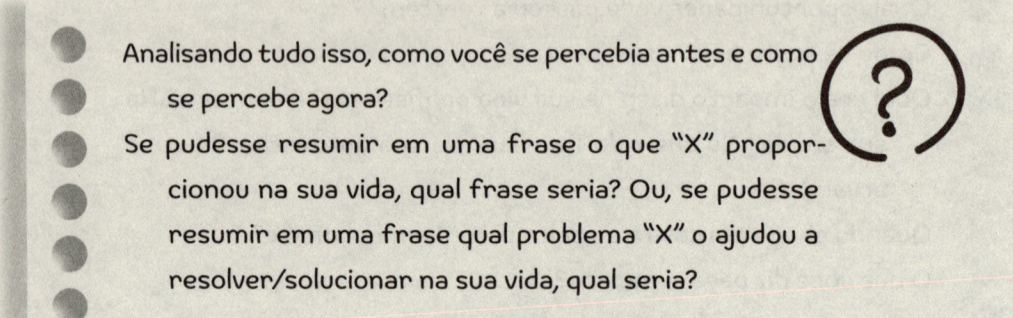

- Analisando tudo isso, como você se percebia antes e como se percebe agora?
- Se pudesse resumir em uma frase o que "X" proporcionou na sua vida, qual frase seria? Ou, se pudesse resumir em uma frase qual problema "X" o ajudou a resolver/solucionar na sua vida, qual seria?

Após ela já ter respondido o cenário de antes de "X" e o cenário presente, fica mais fácil responder a essas duas questões, pois a pessoa precisará sintetizar para dar as respostas!

> - Se você não tivesse tomado essa decisão lá atrás, como imagina que estaria sua vida hoje?
> - O que você diria para quem está em dúvida se compra ou não compra "X"?

Por fim, quero compartilhar outra pergunta que pode ajudar você a identificar um fator-chave na sua comunicação persuasiva para utilizar em momentos futuros:

O que fez e o que levou você a comprar "X"?

Para persuadir uma pessoa, é importante que ela veja que outras já estão fazendo aquilo e que ela pode confiar em você; e, ainda, quando você a expõe a outras histórias, ela se sente estimulada a querer fazer o mesmo! Por isso, colha depoimentos dos seus clientes.

9. DESPERTAR DESEJO

Na sua comunicação verbal e não verbal, desperte o desejo no que está falando. Mais do que só falar, é preciso fazer a confiança vazar pelos seus poros, para inspirar a audiência a querer ardentemente o que você está mostrando. Se em algum ponto da sua comunicação, em vez de despertar o desejo, despertar a dúvida... já era. Virão na mente do seu público diversos questionamentos, diversas objeções. Por isso, desde o seu look até a parte da história que você contar, tudo é muito importante.

10. ELEVAR A EXPECTATIVA

Você me viu utilizar essa técnica durante o livro diversas vezes, inclusive neste capítulo, na introdução e no tópico anterior.

Introdução
"As 35 técnicas e princípios foram organizados por ordem alfabética, **exceto a última técnica**, que eu escolhi de propósito e com propósito para **fecharmos este capítulo com chave de ouro!**".

Técnica número 8
"Mas por que será que essa técnica de persuasão é cada vez mais valorizada no mundo atual? **Responderei a essa pergunta ao mostrar a técnica número 25**. Aguarde! Antes, vamos a exemplos de depoimentos em texto e, **logo em seguida, mostrarei quais perguntas você pode fazer para coletar depoimentos UAU dos seus clientes!**".

Os textos que estão **em negrito** são momentos em que elevei a expectativa, o que mostra que você, como visto no Capítulo 5, pode utilizar essa técnica tanto na introdução como no decorrer da sua apresentação.

11. ESCASSEZ

O ser humano valoriza tudo aquilo que gera esforço para conquistar. Assim, se ele receber tudo de bandeja, não valorizará tanto quanto se tiver que batalhar para ter aquilo; isso vale para desde algo material até a um relacionamento. Se algo está **muito disponível,** perde a graça e, mais importante, não gera **senso de urgência;** porém, quando vem a **possibilidade de faltar**, é como se algo instintivo e irracional fosse acionado no cérebro da pessoa! Vamos a um exemplo bem prático disso. Em 2020, o mundo vivenciou uma pandemia causada pelo coronavírus, o que fez com que as pessoas fossem às compras quase enlouquecidamente para comprar papel higiênico... Pois é! É assim mesmo!

Vamos voltar ao exemplo do Wilson e da vendedora com cabelos grisalhos. Você se recorda de quantas caixas de música azul-escura ela disse que tinha?

"A caixa azul-clara está por € 160, e a azul-escura, por um valor especial neste fim de semana: de € 160 por somente € 100. **Só temos mais duas unidades!** Que tal o senhor aproveitar essa oportunidade e levar uma de cada? Se é um sonho de criança, sua esposa vai amar!"

Pronto, bastou ela dizer que só tinha mais duas unidades para acionar o medo de faltar, de ele ficar sem o produto. É isso que gera o senso de urgência. Dito e feito: Wilson realiza a compra!
As pessoas são muito motivadas pela possibilidade da perda!
Ao se expressar, busque colocar elementos de escassez, mostrando que:

- seu produto, serviço ou ideia é concorrida e que **não está sempre disponível** (deixe claro que seu produto é escasso ou difícil de conseguir);
- é por pouco tempo e, assim, gerar um **senso de urgência**;
- e que, se a pessoa não for rápida, existe a **possibilidade de faltar**.

Mas lembre-se: tudo com amor e verdade!

12. ESPELHAMENTO

O cérebro organiza passado e futuro em esquerda e direita. Olhe a figura a seguir e a analise:

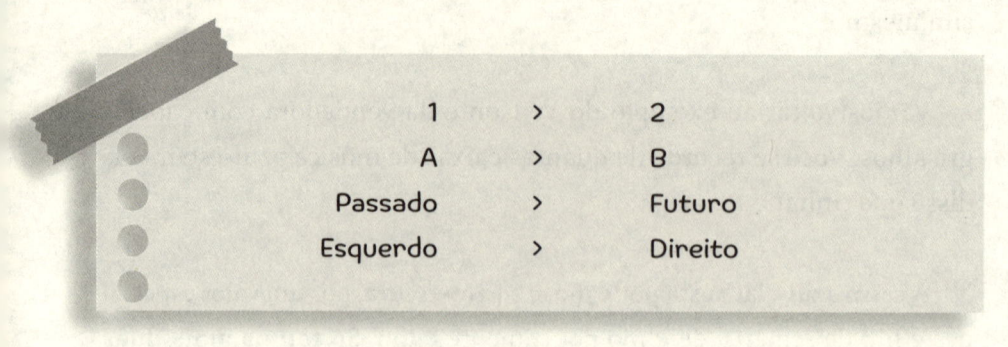

1	>	2
A	>	B
Passado	>	Futuro
Esquerdo	>	Direito

Se a pessoa estiver no nível 1 e quiser ir para o próximo nível, ela sairá do esquerdo, onde está o seu passado, e irá para o direito, que é o seu futuro. Se ela estiver no ponto A e quiser ir para o B, é a mesma coisa. O cérebro organiza passado e futuro em esquerda e direita.

— Ok, Gi. Isso é meio óbvio... não precisava escrever isso!

Concordo com você, mas estou trazendo isso, pois vejo muitas pessoas falando para si mesmas, e não para o público, e isso vale para quando estão no um a um, sentadas na frente de uma única pessoa ou de uma câmera, ou num palco diante de milhares de pessoas!

— Por quê?

Porque, a partir do momento que você está falando para o outro, para ser persuasivo, você precisa espelhar seus gestos.

Imagine agora que estou sentada bem na sua frente e que estendo a minha mão esquerda para tocar a sua, como se eu fosse um espelho seu... Qual mão eu tocarei? A sua mão direita ou a esquerda?

Isso mesmo, a minha mão esquerda tocará a sua mão direita! Assim, todas as vezes que você quiser ser muito persuasivo (sem a pessoa nem ao menos perceber), utilize gestos espelhados! Gestos espelhados são poder!

13. EXPERIÊNCIA

Leve às pessoas uma experiência, e não uma ideia ou um conteúdo. Quando você "vende" às pessoas uma experiência, elas compartilham e "vendem" por você por iniciativa própria.

14. FACILIDADE

Facilite as coisas para as pessoas. E, ao pedir algo, faça de forma simples, que não exija que a pessoa pense. Exemplo: Wilson vai fazer um vídeo sobre propósito de vida e pede assim: "Comente aqui qual é o seu propósito de vida". Então, deixe eu te contar: ninguém ou pouquíssimas pessoas vão comentar.

— Mas por quê, Gi?

Porque é um comentário complexo demais, precisa pensar demais para responder! Lembre-se: facilite a vida, faça pedidos simples, principalmente se você estiver na introdução ou no começo do assunto central da sua fala.

E, falando em facilitar, se quiser uma reação rápida da pessoa, facilite a leitura dela! Cuidado com a escolha da fonte das letras que vai utilizar. Se ela for mais cursiva e difícil de ler, acionará o lado racional do cérebro da pessoa, o que já atrasa o processo de persuasão!

15. FORTES EMOÇÕES

Use (quando cabível e estratégico. Ah! E, é claro, verdadeiro) fortes emoções, por exemplo, utilizando-se de histórias.

16. GERAR DOR

Nós, seres humanos, temos formas de nos motivarmos a entrar em ação. E se, como vimos na abertura deste capítulo: "Persuasão é a arte de, através da sua comunicação, influenciar outras pessoas a tomarem uma atitude, entrarem em ação ou aceitarem uma ideia...", uma das formas de fazer isso é pelo prazer ou pela dor. Isso quer dizer que, se você quiser induzir alguém a entrar em ação, você pode e deve gerar prazer e dor.

— Eita, como assim?

Mostre que, ao aplicar a sua ideia, por exemplo, a pessoa terá tais ganhos. Evidencie o cenário da transformação e o que acontecerá se ela não entrar em ação, nesse momento, aproveite para expor o cenário da "desgraça".

Exemplo: vamos supor que Wilson seja um empresário criador de conteúdo digital e que ele venda os seus cursos on-line de inglês. Na fala dele, precisa ficar claro o que a pessoa que comprar vai ganhar ao aplicar o seu método para falar inglês.

Wilson deve descrever todo o cenário de prazer, todos os ganhos, todas as consequências positivas da transformação do cliente. Após isso, ele deve gerar dor, mostrar que, se a pessoa tomar a decisão de não fazer o curso, ela ela perderá oportunidades (cenário da "desgraça"), se sentirá insegura diante de uma entrevista de emprego, verá o seu concorrente, que é tecnicamente menos competente que ela (mas que fala inglês), conseguir a vaga, e ela, não. Enfim, aqui o Wilson precisa mostrar todas as perdas, todas as consequências negativas que a pessoa terá na vida dela se ela não adquirir o curso.

Quando você mostra primeiro os ganhos, o prazer, depois a dor e, em seguida, as consequências negativas, isso gera ainda mais dor na pessoa.

E é diante da dor que a maioria das pessoas (infelizmente) entra em ação, muito mais do que diante da possibilidade do prazer. Basta analisar quando a maioria das pessoas vai ao médico, quando elas decidem cuidar da saúde...

17. IMAGEM DO DESEJO

Pesquisas mostram que é muito mais fácil você dizer sim para alguém que está vestido de uma forma que você deseja do que de uma forma que você evita. Se você quiser ser persuasivo, conheça sua audiência e escolha de forma estratégica o seu look e também a sua... (continua no próximo tópico).

18. IMAGÉTICA

É a comunicação por meio de imagens. Isso quer dizer que a decoração da sua sala de reuniões fala por você, o seu cenário (o fundo que aparece nas suas lives ou reuniões on-line) conta muito.

Analise o seu cenário, a sua sala de reuniões ou qualquer outro ambiente que você utiliza para levar a sua imagem. O que ele fala de você? Porque ele fala o tempo todo! Você só precisa escolher o que é estratégico (e verdadeiro) na mensagem que você quer passar.

Sugiro que você se atente em ter elementos que mostrem *autoridade*, representem seus *valores*, *personalize sua comunicação* e mostrem um pouco de você.

A imagem a seguir mostra o cenário atual (no dia em que escrevo este livro) dos vídeos que gravo para as redes sociais. Analise quais são os elementos de autoridade, quais mostram meus valores e quais mostram um pouco sobre quem sou eu!

Anote em cima da própria imagem:

A. autoridade;
V. valores;
P. personalização da comunicação;
Gi. um pouco sobre a Gi.

19. IMAGINE

A utilização dessa única palavra já dispara no cérebro do ouvinte um comando poderoso. Eu mesma perdi as contas de quantas vezes a utilizei no decorrer deste livro. A propósito, neste capítulo, logo na descrição da técnica número 1, eu utilizei essa técnica número 19 (de propósito, é claro):

"Antes de explicar, quero convidá-lo a imaginar a cena... Wilson está viajando pela Europa com sua esposa para celebrar os dez anos de matrimônio...".

Falando nisso, você por acaso se lembra de qual cor eram os olhos da vendedora que atendeu o Wilson na loja de presentes?

A. Pretos.
B. Verdes.
C. Castanhos.
D. Não faço ideia.

Se você respondeu letra B, errou!
— Como assim, Gi, eu errei? Você disse isso ao contar a história!
Eu não disse isso não! O que eu disse foi:

"Ao entrar na loja, uma vendedora muito simpática com cabelos grisalhos e de vestido florido verde, cor que ressaltava seus olhos, olhou para ele e logo foi atendê-lo, sorrindo".

Olha o poder de levar seu público a imaginar! Eu disse "de vestido florido verde, cor que ressaltava seus olhos", mas eu não disse que os olhos dela também eram verdes!

Imagine você utilizando essa palavra nas suas apresentações! UAU, hein! Nem o teto te segura!

P.S.: *Utilizei novamente! :D*

20. NEURÔNIOS-ESPELHO

Para falar desse princípio, preciso antes dizer que, segundo os neurocientistas, o neurônio-espelho permite o aprendizado por imitação pois, apesar de ainda não ter seus mecanismos claramente explicados, estão relacionados com o efeito causado pelo feedback visual em áreas corticais sensório-motoras. E só essa entrada visual já pode ser o suficiente para invocar percepções cinestésicas em certas situações.

Existe, por exemplo, uma pesquisa bem famosa que mostra isso até mesmo nos primatas. Imagine dois macacos. Fred (macaco um) está comendo uma banana e Bob (macaco dois) está olhando Fred comer. Agora visualize o seguinte: tanto Fred quanto Bob estão com eletrodos ligados ao cérebro, que registram qual área está sendo ativada durante a atividade em si. O que acontece é que a área ativada do cérebro do Bob (que observa Fred comer a banana) é a mesma que a do Fred (que realmente está comendo a banana).

Agora, imagine isto com você e comigo: eu estou amarrando meu tênis e você está me olhando, nós dois estamos com eletrodos ligados ao nosso cérebro, e as áreas motoras ativadas são as mesmas. Eu realmente estou amarrando meu tênis, mas você só está me observando, porém a área ativada do seu cérebro é a mesma que a do meu!

Com essa descoberta, os cientistas disseram que essa projeção é o que chamamos de empatia! Ou seja, além de os neurônios-espelho terem essa ligação com o aprendizado por imitação, eles também estão ligados ao comportamento de empatia. E o que isso tem a ver com persuasão? Tudo! Use os neurônios-espelho e, quando quiser que sua audiência faça algo, faça você primeiro para ser imitado!

21. NÚMEROS

Já expliquei para você, no Capítulo 5, o poder do agrupamento. E, para utilizarmos de agrupamento, precisamos deles: dos números! Use números!

E, somado a eles, utilize a técnica de elevar a expectativa; pra variar, fiz isso aqui durante este capítulo:

"As 35 técnicas e princípios foram organizados por ordem alfabética, exceto a última técnica, que eu escolhi de propósito e com propósito para fecharmos este capítulo com chave de ouro!".

Ofereça uma quantidade limitada de informações. Muitas vezes, "menos é mais". Explico-me: na ânsia de convencer, você fala tanto, coloca tantos fatores, que a audiência se perde em meio a tantos pontos. Selecione os principais, escolha os aspectos e argumentos mais contundentes e mantenha o foco neles, o resto é complemento... deixe de lado!

22. OPORTUNIDADE PARA ERRAR

Ofereça às pessoas oportunidades para errar em segurança, para cometerem erros sem serem julgadas e criticadas e, se possível, ainda se divertirem no processo de desenvolvimento! Isso é UAU demais!

Para exemplificar, vou contar como eu faço isso dentro dos meus treinamentos e cursos, especialmente dentro do Efeito UAU, um treinamento on-line em que, uma vez por ano, realizo uma imersão presencial, dando aos alunos do on-line uma oportunidade de ver todo o método acontecer presencialmente.

Dentro do on-line, temos um grupo secreto no qual os alunos interagem entre si, com a equipe da UAU Educação Online e comigo. Lá eles têm a oportunidade de enviar vídeos e terem feedback, além de participarem, uma vez por mês, de mentorias ao vivo comigo, nas quais analiso seus vídeos e dou feedback do que está bom para manter e de como melhorarem ainda mais. Eles têm a chance de errar com segurança antes de postarem um conteúdo nas redes sociais.

Por outro lado, na imersão presencial, eles têm dinâmicas e vivências em que podem subir ao palco para ministrarem apresentações e receberem o mesmo estilo de feedback do que está bom para manter e de como melhorarem ainda mais. Ou seja, eles têm a chance de errar com segurança!

Agora analise, dentro da forma que você se expressa e realiza seu trabalho, como pode aplicar esse preceito e persuadir muito mais!

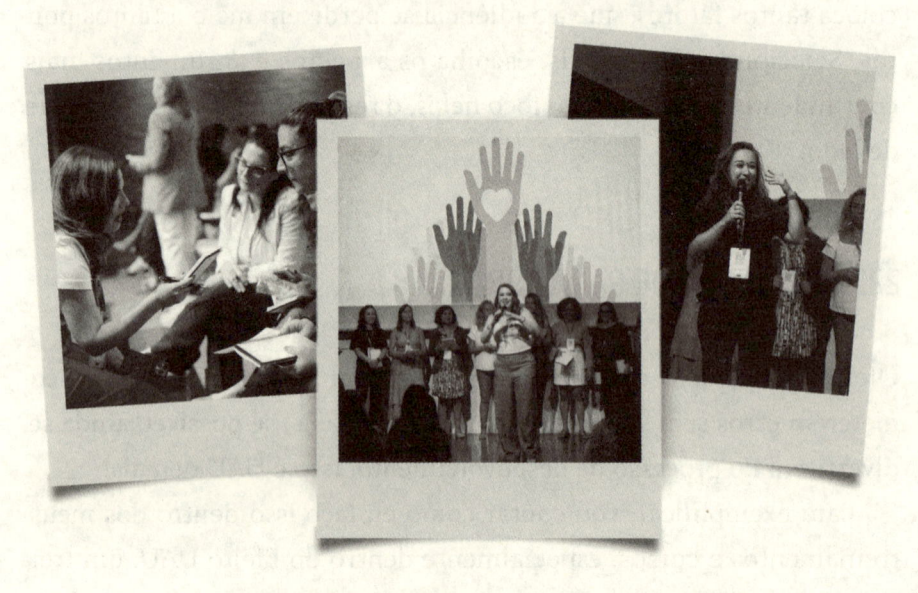

Imagens de uma das dinâmicas realizadas no treinamento presencial Efeito UAU em janeiro de 2023.

23. PAIXÃO

Demonstre paixão pelo que você faz e fala! A indiferença e a obrigatoriedade afastam!

24. PERTENCIMENTO (CONFORMIDADE SOCIAL)

Todo ser humano tem a necessidade de pertencer, de ser aceito e se sentir importante, só que para isso, muitas vezes ele tem ações "irracionais" aos olhos dos outros. Isso porque, no olhar dele, ele está sendo superlógico e racional.

De forma didática e até divertida, tem um famoso experimento social que mostra isso. Uma moça entra numa sala de espera onde já havia nove pessoas aguardando e, toda vez que se ouve o som de uma campainha (um bipe) na sala, todos ficam em pé e sentam-se logo em seguida. A moça acha estranho, mas observa que todos os demais da sala se levantam e, após o bipe tocar três vezes, ela se levanta junto, sem ao menos saber o motivo da ação. Por que ela faz isso? Porque, se não fizer, será a única "estranha" na sala, a única "diferente", a única a não pertencer. O estudo continua e, se você quiser ver mais, convido-o a escanear o QR Code para assistir a um vídeo em que falo sobre persuasão e mostro um trecho do experimento (a parte que mostra o experimento se inicia especificamente no minuto nove).

— E aí? Por que você acha que as pessoas têm medo de falar em público?

— Porque falar em público dá medo, ué.

Não, na verdade, não dá. É porque elas têm medo de serem rejeitadas, de não serem aceitas, ou seja, de não pertencerem.

Como citei, toda pessoa tem a necessidade de pertencer, e, se você, ao levar sua mensagem, gerar na audiência o sentimento de pertencer... UAU! Nem o teto te segura!

As pessoas vão te amar! Vão querer saber mais sobre você!

Há várias formas de fazer isso através do método Efeito UAU, as quais até já compartilhei com você: a forma de contar história, a forma de fazer o público sentir-se parte, a forma de levá-lo a participar (seja através de um quiz, seja fazendo a pergunta como se fosse a própria audiência lhe perguntando)... Não só fale das suas ideias, não só fale do seu conteúdo, gere pertencimento!

Ah! Eu falei para você que explicaria o motivo de os depoimentos serem tão importantes! É justamente por isto: você gera o desejo de pertencer a um determinado grupo de pessoas. E no Capítulo 9 eu falei que explicaria o motivo pelo qual as técnicas de grupo e duplas (trios) são tão preciosas, e o porquê é exatamente este: pertencimento. Na sua fala e durante a sua condução, faça com que as pessoas se sintam conectadas umas às outras!

25. "PORQUÊ"

Diversas pesquisas apontam para o poder do uso da palavra "porquê" ao pedir que o outro faça algo. Se você utilizar essa palavra, potencializará em mais de trinta e três por cento a chance do outro lhe dizer sim, mesmo que o "porquê" seja óbvio demais, não importa (para se aprofundar nesse assunto, indico a leitura dos livros *As armas da persuasão** e *Pré-suasão*,** ambos do psicólogo social Robert B. Cialdini). Assim, na sua apresentação, use o "porquê".

— Gi, você usou aqui?

Vixi! Se usei? Usei demais! Só reparar, em todo final de capítulo, onde tem o espaço para você compartilhar seus aprendizados:

> "E o convido a compartilhar comigo quais foram seus aprendizados! Isso

---

* CIALDINI, Robert B. *As armas da persuasão*: como influenciar e não se deixar influenciar. Rio de Janeiro: Sextante, 2012.
** CIALDINI, Robert B. *Pré-suasão*: a influência começa antes mesmo da primeira palavra. Rio de Janeiro: Sextante, 2017.

é muito importante, **porque** assim eu saberei não só o seu feedback, mas também que esta leitura está gerando um valor verdadeiro na sua vida!".

Ao usar o "porquê", você garantirá que a pessoa fará exatamente o que você deseja? Não, mas elevará em pelo menos trinta e três por cento as chances disso.

26. PREVISIBILIDADE

Toda pessoa tem a necessidade de certeza e segurança. Para umas, essa necessidade é tão grande que ela se coloca em primeiro lugar dentro dos seus valores e objetivos. Mas, independentemente de a necessidade ser grande ou pequena, todos a têm, e é pensando nisso que dentro da sua comunicação, para ser influente e persuasivo, você precisa satisfazer essa demanda. Assim, se você for fazer um evento, uma convenção, um treinamento, um curso, conduzir uma reunião, não importa o contexto, dê à sua audiência elementos de previsibilidade.

— Como posso fazer isso, Gi?

Você pode fazer isso dando um resumo ou uma agenda da programação com antecedência, uma visão geral logo após a introdução UAU ou, durante a sua fala, dar algumas dicas do que vai acontecer nos próximos momentos e entregar um material no qual as pessoas possam anotar seus insights ou uma apostila.

27. QUEBRA DE PADRÃO

Como seria um livro com mais de duzentas páginas sem nenhuma imagem, sem nenhuma mudança no padrão do texto, sem história, sem exemplos, sem atividades vivenciais, sem analogias, sem nenhuma técnica de persuasão (mesmo que seja um simples "imagine")?

Sua resposta já diz o porquê de a quebra de padrão ser tão importante! No Capítulo 11, vou exemplificar como você pode fazer isso utilizando slides!

Acabei de elevar a expectativa para o Capítulo 11, e ainda usei o "porquê"!

28. REPETIÇÕES

Uma única exposição à informação não é o bastante, você precisa proporcionar repetições. Mantenha a mensagem simples e a exponha de cinco a sete vezes (é claro, analisando o tempo que você tem de fala, tomando cuidado para não exagerar e ficar chato).
Lembre-se: o cérebro aprende por repetição!

29. RETRIBUIÇÃO (RECIPROCIDADE)

Faça algo que o outro sinta a necessidade de retribuir. Se você quiser, por exemplo, pegar o contato de uma pessoa, seja presencialmente, seja on-line, dê a ela uma recompensa que realmente deseje. Vejo muitas pessoas dentro do marketing digital que querem, por exemplo, começar a vender seus cursos e mentorias utilizando a internet como meio, dando como "iscas digitais" e-books que mais parecem um PDF bem safado.

A pergunta a se fazer é:

A pessoa que você quer atrair realmente deseja um e-book sobre o tema? Ou será que ela prefere consumir um outro estilo de formato?

Atente-se a isso! Dê algo que a pessoa realmente deseje!

Deixe a pessoa que quer atrair experimentar primeiro e, então, nesse experimentar, encante-a para que ela queira mais e mais!

Ao usar essa técnica, faça algo que seja significativo e, se possível, inesperado (lembre-se de todas as vezes que eu trouxe neste livro o conceito de "entregar a mais") e personalizado!

30. SEGURANÇA

Faça com que o público se sinta seguro diante de algo novo. Torne seu produto ou ideia familiar à pessoa.

31. SIM

Logo no início da sua fala, traga um questionamento ou reflexão com o qual o público concorde com você, cuja resposta seja "sim".

32. SURPRESA (IMPREVISIBILIDADE)

Dentro da psicologia, encontramos diversas pesquisas que falam da importância de elementos-surpresa e da reação positiva que isso traz para o organismo biológico da pessoa ao liberar, por exemplo, dopamina. Uma das minhas pesquisas preferidas conta sobre um estudo que mediu a quantidade de dopamina liberada quando uma pessoa bebia a sua bebida preferida versus quando bebia uma bebida-surpresa. Para você ter uma ideia, a bebida-surpresa causava mais impacto do que a bebida preferida. Por isso, inclua pequenas surpresas na sua apresentação, assim você terá mais chance de manter a audiência conectada a você!

— Gi, posso usar as técnicas e dinâmicas que você compartilhou no Capítulo 9 para gerar surpresa?

Com certeza pode. Mais do que isso, você deve, porque é justamente isso que o método Efeito UAU faz: ele dosa imprevisibilidade com previsibilidade! Mande ver, use as técnicas, crie enigmas a serem desvendados durante sua fala e as pessoas ficarão vidradas na sua apresentação!

Mas atenção: será preciso dosar a previsibilidade com a imprevisibilidade. Se tiver muita imprevisibilidade, ou seja, muitas surpresas, a audiência não confiará em você; sendo assim, inclua indicações, sinais de previsibilidade. Por outro lado, se tudo for previsível, será chato, entediante, não gerará o estado de *flow*, não liberará dopamina, ou seja, as pessoas vão se dispersar (nem que for mentalmente), sair da sala ou dormir.

33. TESTE SINATRA

Você já ouviu a música do Frank Sinatra, "New York, New York"? Ela traz a seguinte frase:

If I can make it there
Se eu conseguir fazer isso lá
I'll make it anywhere
eu vou fazer isso em qualquer lugar

É exatamente isso que esse princípio mostra: se você consegue fazer "isso" em "Nova York", você consegue em qualquer lugar. O seu "isso" é a transformação que você gera, o resultado que você consegue alcançar com sua ideia, seu produto, seu serviço. E a sua "Nova York" é o seu case mais UAU de todos, é um ponto fortíssimo de autoridade que prova para todos o quão UAU você é!

Qual é a sua "Nova York"?

34. TRÊS VERDADES E A PERSUASÃO

Você se lembra da técnica número 7, "Dados"? Você pode potencializá-la com esta. Na sua fala, antes de trazer a frase que deseja ser a mais persuasiva, traga três verdades, que podem ser: "incontestáveis", crenças que sua audiência tem ou três dados. Traga uma verdade na sequência da outra e, logo em seguida, a sua!

35. CANTAR (FAZER VIBRAR NA MESMA VIBRAÇÃO)

— Cantar? Como assim, Gi, cantar?

Na verdade, é você fazer o público vibrar na mesma vibração que a sua. Você pode fazer isso de diversas formas, e uma delas é cantar! Quando você canta e faz sua audiência cantar junto, você cria uma grande sinergia do público com você e entre eles, o que é muito forte. E você se recorda do poder que a música tem de mudar o estado emocional de uma pessoa? Pois é, cante! Pode cantar sem medo! Eu, normalmente, canto nos meus cursos gratuitos em que faço um pitch de vendas, canto em palestras, em treinamentos on-line e presenciais. Mas pode ser que você esteja pensando:

Ah! A Gi canta bem!

Canto bem no chuveiro, no carro... Mas posso afirmar para você que tem um tanto de gente por aí que vai discordar e falar que nem nesses locais eu canto bem!

Quem se lembra da frase: "... não é sobre você"?! Se você mostrar para o público que, inclusive, não canta bem, que você não é cantor profissional (a menos que seja ou que cante bem, aí retiro o que eu disse), se você seguir o método Efeito UAU, a audiência estará tão, mas tão conectada com você que todos cantarão junto!

— Todos?

Posso dizer que sim. Aqueles que não cantarem alto estarão cantando mentalmente ou com os pés, que é quando a pessoa fica movimentando o pé no ritmo da música.

Agora, cuidado! Como você já viu no Capítulo 9, a escolha da música é importante, ainda mais nesse caso, quando você quer que as pessoas cantem junto. Seja seletivo na escolha da música e, se for o caso, compartilhe a letra no slide ou na tela.

— Gi, tenho uma dúvida bem prática sobre como fazer isso dentro do mundo digital... Dá para fazer em vídeos curtos?

Dá, sim, vou lhe mostrar como no Capítulo 12, aguarde!

Para concluir este capítulo, não vou fazer a análise do método Efeito UAU, como foi até o capítulo anterior, mas quero lhe dizer que foram muitos estudos e testes para poder chegar até aqui e compartilhar com você tudo isso.

Às vezes, nem dá para acreditar que aquela menininha, que, em 1988, saiu de uma cidade com menos de quatro mil habitantes (Santo Inácio, interior do estado do Paraná) e que era facilmente passada para trás pelas colegas da escola e da rua, hoje é professora e mentora em comunicação estratégica e persuasiva. Mas, se hoje eu sou quem sou, faço o que eu faço e tenho o que tenho, é porque, primeiramente, eu aprendi a ouvir a minha voz UAU, e não a sabotadora. E posso afirmar, sem dúvida nenhuma, que foi aplicando em mim mesma várias das técnicas que compartilhei com você neste capítulo que eu consegui isso.

E, se eu consegui, você também consegue! Para você vencer a sua voz sabotadora e fortalecer cada dia mais a sua voz UAU, use todas essas técnicas consigo.

Se eu terminasse este livro aqui, com este capítulo, por que a leitura dele teria valido a pena? Qual valor este livro tem agregado para você?

....
....
....

Vivenciei uma "crise" ao escrever este capítulo. Comecei a me questionar se eu realmente deveria dar sequência nele ou engavetá-lo...

No momento em que escrevia sobre a importância dos depoimentos, fui reler as avaliações do meu livro anterior, o *Autoestima como hábito*. Eu já havia feito isso antes em um dia específico quando gravei um vídeo falando sobre como lidar com críticas (escaneie o QR Code ao lado caso queira assistir a ele).

Tem muitas avaliações positivas e algumas negativas. Comecei a me questionar se realmente valia a pena todo o trabalho e esforço. Me deu vontade de parar.

Foi então que pensei: *Ah, deixa eu ver quais são os livros mais vendidos no mundo e no Brasil e ler as avaliações deles.* E vi que também os mais vendidos têm avaliações negativas, algumas bem grosseiras por sinal.

Respirei fundo e disse a mim mesma: *Bora, Gislene, afinal não é sobre você, mas sim sobre gerar valor na vida das pessoas. Se uma única pessoa de bem, ética e verdadeira, ler este livro e for impactada por ele, já valeu a pena!*

Por isso, eu gostaria MUITO de pedir a você que compartilhasse comigo a resposta da pergunta anterior! Sei que, às vezes, ir até a uma rede social e deixar seu comentário é uma forma de exposição, mas, de coração, ler a sua mensagem será muito importante para mim PORQUE assim saberei, na real, se este livro está gerando valor para você! Em último caso, se não quiser de jeito nenhum deixar seu comentário de forma pública, fique à vontade em enviar uma mensagem no privado para mim no Instagram @gisleneisquierdo ou um e-mail para gislene@uaudh.com.

Vou ficar aguardando!

leitor_ 1 min
Persuasão#valor
Responder

♡
7

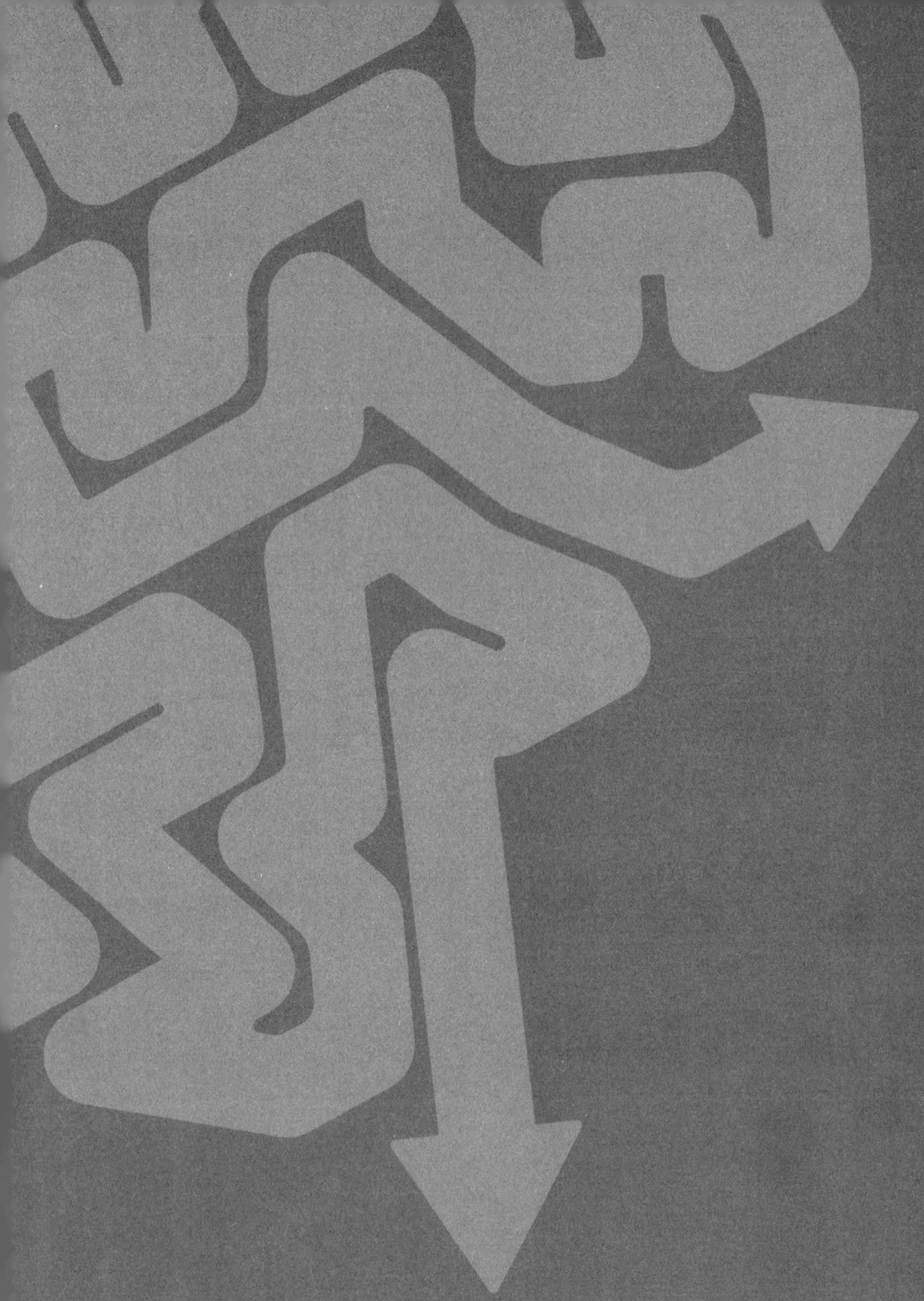

PARTE IV

Detalhes que farão "A" diferença para você e para o mundo

Chegou o momento de você ter acesso a pontos que serão "A" chave para subir o nível do seu jogo, dos seus resultados. Para você se destacar, para você ser referência e ser convidado/contratado várias e várias vezes... Para você ser desejado e lembrado... Para você ganhar muito dinheiro e impactar de verdade... Esta parte do livro tratará disso. A partir de agora, ou você alavanca ou se queima. O que você decide?

CAPÍTULO 11

Detalhes que fazem "A" diferença para falarem bem ou falarem mal de você

Vão falar de você de um jeito ou de outro. Então que falem bem!
— *Gislene Isquierdo*

Alguns detalhes realmente podem fazer "A" diferença. Vou partilhar cinco deles, podendo o último queimar você a tal ponto de fazer com que não seja mais convidado para, por exemplo, palestrar em eventos.

SLIDES

Os slides são um recurso visual bem importante. Além de gerarem muita conexão com a estimulação do canal de comunicação visual, eles facilitam o aprendizado e a retenção de informação.

Se você realmente quiser influenciar e persuadir as pessoas, potencialize a utilização dos canais de comunicação. Para ir além, a utilização dos slides contribui também com o canal auditivo, pois você pode inserir as músicas dentro do próprio PowerPoint, além de utilizar imagens (com boa resolução, é claro) dentro dos seus slides ou até cenas de filmes e vídeos, o que impactará diretamente no canal cinestésico, gerando sensações e emoções.

Ao utilizar slides na sua comunicação, quero compartilhar alguns detalhes que podem contribuir com você. Pode ser que o que você lerá a seguir seja extremamente básico. Assim, pegue o que for bom e, o que não for, deixe passar. Minha pretensão não é, nem de perto, dar um curso do tema, até porque eu mesma tenho muito a aprender; mas, sim, trazer observações que eu aprendi errando (erros que você não precisa cometer).

Use as ferramentas

Para deixar sua apresentação no PowerPoint mais UAU, utilize as ferramentas que o próprio programa oferece, por exemplo:

- Cores e fontes diferentes para o texto;
- Caixas de texto para dar destaque;
- Animação dentro do próprio slide;
- Transição de um slide para o outro;
- Inserção de imagens tratadas;
- Fundo do slide com cores diferentes;
- Inserção de músicas (editáveis dentro do próprio programa).

Sempre adapte seus slides ao perfil do público

Você já deve ter ouvido que uma imagem vale mais que mil palavras, não é mesmo? O mesmo se aplica ao conteúdo dentro de um slide, só que feito em três propostas com elementos diferentes, em que cada uma delas se adeque a um perfil de público.

Qual deles você acredita que tem mais a ver com você?

Com qual deles você se sentiria mais e menos conectado?

Primeira opção:

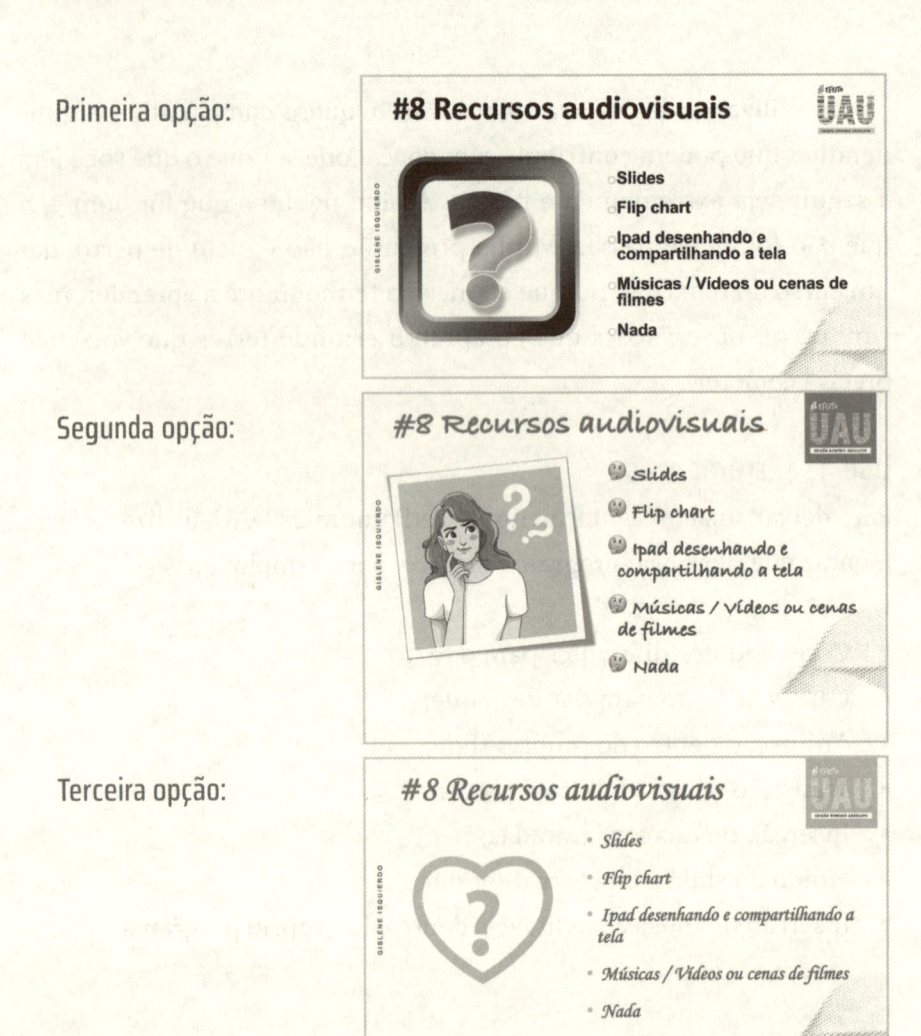

#8 Recursos audiovisuais
- Slides
- Flip chart
- Ipad desenhando e compartilhando a tela
- Músicas / Vídeos ou cenas de filmes
- Nada

Segunda opção:

#8 Recursos audiovisuais
- Slides
- Flip chart
- Ipad desenhando e compartilhando a tela
- Músicas / Vídeos ou cenas de filmes
- Nada

Terceira opção:

#8 Recursos audiovisuais
- Slides
- Flip chart
- Ipad desenhando e compartilhando a tela
- Músicas / Vídeos ou cenas de filmes
- Nada

Fonte diferente, estilo que entra o logotipo diferente, imagem diferente e, ainda, cores diferentes geram uma conexão, impacto e influência completamente diferentes! Quer falar bem e influenciar pessoas? Seja estratégico ao montar seus slides.

Não fique lendo os slides

Uma vez que são um suporte para quem fala, pelo amor, não fique lendo os slides. Traga pontos-chave e coloque imagens para deixá-los mais dinâmicos e eficazes. Não dependa deles, monte com antecedência e treine sua apresentação com eles, para que, assim, na hora, você domine a ordem em que cada ponto entrará!

Dentro do treinamento on-line Efeito UAU, eu mostro na prática como monto meus slides, e, apesar de ser muito mais fácil mostrar isso em vídeo, vou trazer três imagens* para você analisar alguns pontos aos quais sugiro que se mantenha atento daqui para a frente.

Slide 1

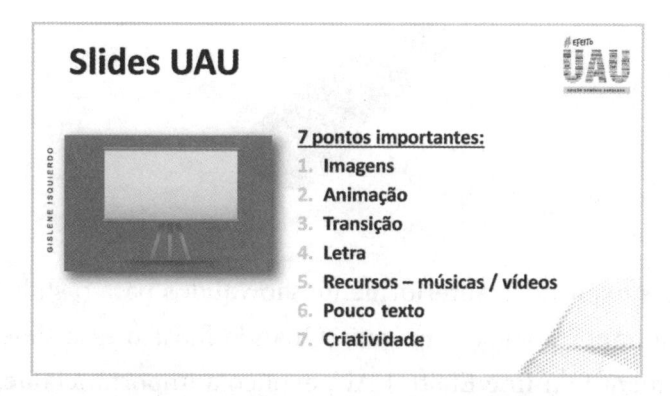

Slides UAU

GISLENE ISQUIERDO

7 pontos importantes:
1. Imagens
2. Animação
3. Transição
4. Letra
5. Recursos – músicas / vídeos
6. Pouco texto
7. Criatividade

- Apesar de o fundo do slide ser branco, há uma imagem trabalhada. No canto inferior direito, vemos um sombreado com bolinhas.
- Um título simples com uma fonte fácil de ler: Slides UAU.
- No canto superior direito, você encontra o logotipo do treinamento.
- O nome da professora, na lateral esquerda, está em uma fonte fácil de ler e, ao mesmo tempo, com um tamanho bem pequeno. Aqui você pode trocar o nome, por exemplo, pelo @ do Instagram da pessoa, ou o perfil do LinkedIn. Mas vale a pena colocar, porque é algo simples e poderoso que fortalece a sua marca.
- Uma imagem que concretiza o que está sendo explicado no slide.

---

* Os três slides a seguir foram retirados do treinamento Efeito UAU.

Visualize a apresentação, tudo ali entrando com efeitos animados, linha por linha; aparece uma imagem, e o apresentador explica. Detalhe, isso só é possível quando a própria pessoa passa o texto, pois assim é ela quem comanda o ritmo.

Slide 2

> **Passador de slides**

Os pontos explicados anteriormente são válidos para o slide 2, e aqui se nota a importância da imagem. Quando mostro esse slide durante o treinamento on-line Efeito UAU, explico a importância de, ao falar diante de um público – seja em uma palestra, seja em uma reunião corporativa –, utilizar um passador de slides e dominar onde fica cada um dos seus comandos e testar antes; e eu mostro o modelo que eu utilizo.

Slide 3

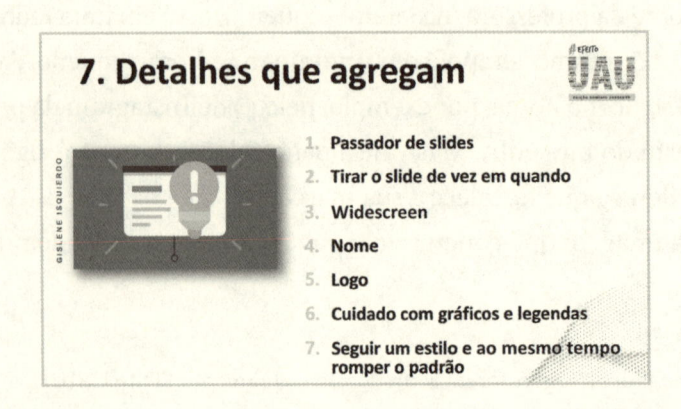

> **7. Detalhes que agregam**
> 1. Passador de slides
> 2. Tirar o slide de vez em quando
> 3. Widescreen
> 4. Nome
> 5. Logo
> 6. Cuidado com gráficos e legendas
> 7. Seguir um estilo e ao mesmo tempo romper o padrão

Todos os tópicos explicados no slide 1 também são válidos para este aqui, e quero acrescentar que, se eu estivesse falando sobre isso dentro de uma empresa específica, no slide também estaria o logo do cliente, já que isso gera muita conexão e mostra que foi feito algo especialmente para ele.

Organize os arquivos

Ao salvar o documento, sugiro criar uma pasta com o nome da sua apresentação e, dentro dela, colocar tudo o que foi usado. Por exemplo, se você for utilizar três músicas e um vídeo, e for inseri-los em um mesmo slide, coloque todos esses arquivos na mesma pasta; assim, quando for adicionar os recursos de áudio ou vídeo, fará isso usando o que está na pasta, não fora dela.

Se você tiver que compartilhar o seu material com a equipe da organização do evento em que vai palestrar, sugiro que suba a pasta completa em um drive (na nuvem), assim você eleva as chances de tudo dar certo na hora.

Teste tudo

Antes do "Dia D" e da "Hora H", teste tudo! Teste para verificar se a fonte não desconfigurou, se todas as imagens deram certo, se as animações e transições estão funcionando corretamente, se as músicas e vídeos estão entrando direitinho... Teste!

Nessa hora, converse com a equipe do audiovisual do evento e fale com eles também utilizando as técnicas que aprendeu neste livro. Chame-os pelo nome, agradeça, elogie... Lembre-se de que este livro aborda o modo como falar de forma influente com qualquer pessoa, o método utilizado aqui está ligado a como o cérebro humano funciona.

FLIP CHART

Você pode utilizar o flip chart ou quadro branco como recurso visual, o único cuidado é com a letra. Não, mentira. Estou brincando! O cuidado que você tem que ter é com as canetas, teste TODAS elas antes da sua apresentação. Já vi pessoas que, ao irem para o flip chart, tinham diante de si várias canetas, mas nenhuma estava boa, todas estavam falhando, com a cor da tinta fraca. Teste antes! E é claro que, se a sua letra for boa, melhor. Mas, se não for, você pode pedir a ajuda da plateia e perguntar assim: "Preciso de um voluntário para me ajudar a escrever algumas frases no flip chart. Quem aqui pode me auxiliar?". Pronto, basta falar isso! Não precisa especificar: "Quem aqui tem uma letra boa e pode me auxiliar?".

VÍCIOS

Calma, não estou falando de vícios ilícitos, mas, sim, de vícios de linguagem, pensamento e vício do beijo.
— Oi, Gi?! Vício do beijo? O que é isso?
— Vou explicar, mas comecemos com...

Vício de linguagem simples

Né, tá, daí, entende, ok, certo... Perceba se você tem algum vício de linguagem e, então, em vez de pronunciar a palavra, simplesmente inspire no lugar dela. Quando inspiramos, o ar entra no nosso corpo e, quando falamos, nem que seja um simples "né", o ar sai, não há como fazer as duas ações ao mesmo tempo. Por isso, perceba se tem o vício e vá trocando-o por inspirações, é só isso! Ah! E repita o processo milhares de vezes: lembra que o cérebro aprende por repetição e que é "hoje melhor do que ontem, hoje melhor do que ontem... sempre!"?

Vício de linguagem elaborado

É quando a pessoa tem o costume de repetir frases. Por exemplo, quase toda vez que ela apresenta um raciocínio não diz "ok?" (esse seria o vício de linguagem simples), mas, sim, "faz sentido para você?".

Não estou dizendo que você nunca pode dizer "faz sentido para você", ou "ok", ou "você me entende"; mas para você tomar cuidado e ir "hoje melhor do que ontem", limpando a sua comunicação dos vícios existentes.

A seguir, apresento seis frases para você ter no seu radar e com as quais tomar cuidado, pois já vi várias pessoas com o vício de repeti-las muitas vezes (a última é a pior de todas).

"Deixa eu falar uma coisa para vocês."
"Faz sentido pra vocês?!"
"Levanta a mão e diga 'eu'."
"Sim ou não?!"
"Sim ou sim?!"
"A nível de informação."

— Gi, por que essa última é a pior de todas?

Porque, além de ser um vício de linguagem elaborado, está gramaticalmente errado! O correto seria "Em nível de".

Vício de pensamento

Os vícios de pensamento acontecem quando a pessoa vai falar e, no meio da fala, ela pensa por alguns segundos e, ao fazer isso, emite um som, como ãh, éh, hum... Eu brinco com meus alunos dizendo assim: "Imagine que toda vez que você pensasse e emitisse som, soltasse um pum com som... que chato, que triste, que péssimo seria! Lembre-se disto: ao pensar, não emita nenhum som, simplesmente inspire e expire!".

Depois desse exemplo quase tosco, tenho certeza de que você se lembrará de respirar e não dizer nenhum "ééééé!".

Vício de introdução

Toda vez que a pessoa vai abrir um novo tópico da apresentação, da fala, ela diz "bom". Não precisa fazer isso, aliás, não faça! Se for pra dizer "bom", que seja "bom dia", "boa tarde", "boa noite" e só, nada de dizer "bom".

A seguir, colocarei trechos retirados do livro *Autoestima como hábito* (recortes do Capítulo 6) e, no começo de cada parte, eu escreverei a palavra "bom". Leia o texto em voz alta com o "bom" e depois sem o "bom".

Bom, vou falar agora sobre comportamentos destruidores da própria autoestima.

Bom, entre os hábitos que podem destruir sua própria autoestima, elenquei 21, e deixei por último um hábito com alto poder destrutivo.

Bom, o primeiro é a comparação.

Comparar-se com outra pessoa não é justo para ninguém, nem para você nem para a outra pessoa. Somos pessoas diferentes; é como se alguém comparasse dois legumes entre si, não dá para comparar batata com chuchu. **Bom,** além de sermos diferentes, vivemos momentos diferentes, temos uma educação diferente, pensamos de modo diferente.

Bom, o segundo é esperar pela aprovação dos outros.

Bom, é isso mesmo, fazer algo e ficar esperando a aprovação de outra pessoa é péssimo, pois pode ser que essa aprovação nunca chegue.

Bom, e o terceiro é esperar demais dos outros...

A partir de hoje, preste atenção em como tem gente que comete esse erro, e fique ainda mais atento para você não cometê-lo!

— Mas, Gi, e se eu reparar que faço isso, como eu mudo?

Simples, respire em vez de dizer "bom". Você vai notar que essa palavra não serve pra nada.

Vício do beijo

O vício do beijo é parecido com o vício de pensamento. A pessoa, quando vai pensar, ou seja, entre uma fala e outra, em vez de respirar sem emitir som, ela faz com a boca um movimento e um som como se fossem um beijinho. Para falar a verdade, é como se fosse um vício no momento de uma pausa da fala, e é bem complicado explicar isso escrevendo, por isso trouxe como sugestão um vídeo no qual mostro os vícios anteriores, inclusive este, o vício do beijo (escaneie o QR Code para assistir a ele. A parte do beijo começa no minuto sete).

ERROS A SEREM EVITADOS

O que não fazer de jeito nenhum? Para responder a essa pergunta, trarei nove erros a serem evitados, todos são péssimos, mas o último vai passar uma imagem de insegurança e amadorismo. O nove é péssimo!

1. Passar o slide antes da hora

Mas, se isso acontecer, simplesmente volte ao anterior; não precisa sinalizar nem falar nada; só volte e continue seu raciocínio! Agora, como fazer para não cometer esse erro? Treine sua apresentação antes e domine os slides! E, se possível, no dia tenha uma tela de retorno que lhe mostre o slide atual e o próximo. Isso ajudará bastante! Mas, se decidir utilizar esse recurso da tela de retorno que mostra o slide atual e o próximo, treine vendo a tela desse jeito; já vi muita gente se confundir na hora. Treine!

2. Apontar para a tela de retorno em vez de para o telão

Na maioria dos locais, quando você vai fazer uma apresentação em público, fica uma tela de retorno para você. E foi neles que já vi muitos palestrantes, que quando queriam dar ênfase no conteúdo do slide, apontavam para a tela de retorno (a qual só ele vê), em vez de apontar para o telão de projeção. Cuidado!

Na hora de treinar sua fala, treine como se estivesse no "Dia D": faça os gestos, utilize o espaço, aponte para o telão como se fosse o dia do evento. Lembre-se sempre de que o cérebro aprende por repetição, então treine repetindo o método, do jeito certo!

3. Sentar e esperar

— Como assim, Gi, sentar e esperar é um erro? Não entendi nada!

Imagine que você esteja fazendo sua apresentação e o microfone ou a tela de projeção pare de funcionar. O que você faz? Senta e espera? Não! Você continua.

— Gente, o time do audiovisual já está cuidando de tudo, mas, enquanto eles resolvem, eu quero...

E continua! A audiência fará um silêncio ainda maior pra ouvir você. Uma ação que você poderá fazer é:

— Gente, o time do audiovisual já está cuidando de tudo, mas, enquanto eles resolvem, quero convidar você a pegar seu material de anotação e escrever quais foram seus três grandes aprendizados até este momento e como você pode aplicá-los no seu dia a dia.

Lembra a técnica que partilhei no Capítulo 9? Utilize-a tal qual você aprendeu!

4. Mascar chicletes ou chupar bala

Nem vou comentar nada. É praticamente autoexplicativo.

5. Celular ou carteira no bolso
É muito feio você lá na frente com o celular ou a carteira no bolso. Na hora de falar, tire. E se, por acaso, for utilizar o celular em algum momento da sua fala, deixe-o próximo de você, mas no bolso, por favor, não!

6. Chave no passador do cinto da calça
Nem vou comentar nada. Também é autoexplicativo. Ah! Só uma observação: também não vale colocar a chave no bolso da calça.

7. Acessórios barulhentos
Falei disso quando expliquei sobre o look, mas vale ressaltar que acessórios barulhentos (pulseiras, colares, brincos) podem atrapalhar e quebrar a conexão do público. Ruídos geram grande incômodo e se houver pessoas com a preferência auditiva, pior ainda.

8. Usar crachá
Vamos imaginar que você esteja numa convenção ou em um congresso e chega a sua vez de subir ao palco... tire o seu crachá, você não precisará dele lá!

— Gi, eu sempre devo retirar o crachá?

Tem uma exceção: em alguns eventos presenciais, é feito o pitch de vendas de grupos de alta performance, por exemplo, mastermind; nesses casos, há pessoas que estão somente participando do evento, há as que fazem parte do mastermind e o "dono" do evento, consequentemente, mentor do mastermind.

Vamos imaginar que você seja o dono do evento e que o Wilson já faça parte do seu grupo de alta performance, já eu sou uma das diversas participantes do evento e potencial compradora do seu grupo.

Wilson, por fazer parte do seu grupo, tem um crachá diferente do meu e vai palestrar. Nesse caso, ele deve subir ao palco com ele, pois será até um elemento de autoridade e gerador de desejo.

9. Mãos e suas derivações

O que quer dizer mãos e suas derivações? Quer dizer para você evitar falar com os braços cruzados, com as mãos no bolso ou para trás e, por fim, evitar ficar apertando e retorcendo as mãos ou estalando os dedos. Tudo isso passará insegurança na sua comunicação não verbal. Se for o caso, releia o Capítulo 6, no qual vimos gestos estratégicos.

GESTÃO DO TEMPO

Você pode ter posto em prática tudo o que aprendeu neste livro, mas, se o tempo estourar, esse será um ponto negativo para você, principalmente se sua apresentação for num evento ou local com o tempo cronometrado. Se você quiser ter um Efeito UAU no seu resultado, se quiser falar bem e influenciar pessoas, fale dentro do prazo estipulado.

Eu já cometi esse erro e sei bem o prejuízo que ele traz. Inclusive, já vi grandes nomes de nichos específicos (os quais não citarei) explodirem o tempo de suas apresentações, e o que rolou nos bastidores foi o seguinte: "Cara, fulano explodiu o tempo e 🔔 com o cronograma do evento. Ano que vem me lembra de não convidá-lo, pelo amor de Deus". Então, cuide do tempo!

O que eu falo para meus alunos é o seguinte:

"Treine sua apresentação antes, treine várias vezes... E, se deram quarenta minutos para você falar, treine em trinta e cinco no máximo, porque, no dia, vai passar disso. No seu treinamento, a duração tem que ser pelo menos dez por cento inferior ao tempo que você realmente terá. Treine!".

Imagine o poder de você aplicar tudo o que aprendeu até aqui e ainda falar em trinta e nove minutos? Isso é muito UAU!

Após trazer todos esses aspectos, quero encerrar este capítulo de uma forma diferente. Quero lhe dizer para não se cobrar tanto durante seu processo de desenvolvimento, já que eu mesma já me enrosquei em quase cem por cento dos elementos citados neste capítulo. Fique tranquilo, pois todos estamos juntos no processo de melhoria contínua. "Hoje melhor do que ontem, hoje melhor do que ontem... sempre!" E lembre-se de que ser UAU não tem nada a ver com ser perfeito.

Quais foram seus três principais aprendizados até aqui?

....

....

....

....

E o convido a compartilhar comigo quais foram seus aprendizados! Isso é muito importante, porque assim eu saberei não só o seu feedback, mas também que esta leitura está gerando um valor verdadeiro na sua vida!

leitor_ 1 min
MelhoriaContínua#valor
Responder

♡
7

CAPÍTULO 12

Fale bem e influencie pessoas no mundo digital

> Vão te criticar de um jeito ou de outro. Então que te critiquem por você estar se posicionando e levando sua mensagem, e não por omissão ou desperdício!
> — *Gislene Isquierdo*

Eu não sei se você já está se posicionando no mundo digital ou não, mas, se ainda não estiver, um ponto é certo: a cada dia que passa, você fica mais para trás e contribui para a desinformação do mundo.

— Como assim, Gi, contribui para a desinformação do mundo?

Quando eu era criança e ia fazer um trabalho de escola, eu tinha praticamente duas opções. Primeira: fazer o trabalho com alguém que tivesse uma *Barsa* em casa (uma enciclopédia cara e que poucas pessoas tinham); segunda: ir à biblioteca da escola ou da cidade e rezar para que o livro que eu precisava consultar estivesse lá. E como é hoje em dia?

Sim, tudo está on-line! E você ainda acha que *você* pode não estar?

Para te provar meu ponto, vou me limitar a trazer alguns dados de três redes sociais diferentes.

YouTube

Para você ter uma ideia do poder de saber se comunicar, saber falar bem, influenciar e persuadir pessoas através de vídeos, o site da Forbes compartilhou uma pesquisa da Why Video* que diz que oitenta e dois por cento dos consumidores do Brasil afirmam que a publicidade em vídeos do YouTube os deixa mais propensos a considerar a compra de um produto ou marca.

Instagram

Segundo a Comscore,** o Instagram é a rede social mais consumida pelos brasileiros nos últimos anos. Nós passamos quase quinze horas do mês lá.

TikTok

Segundo um levantamento realizado pela Statista,*** o Brasil é o segundo país que mais consome o TikTok (só perde para a China), chegando a quase cinco bilhões de usuários. E você deve imaginar qual é a faixa etária das pessoas que mais consomem essa rede... sim, crianças e adolescentes, apesar de a conta ser feita no nome de um adulto.

---

* REDAÇÃO M+. Brasileiros afirmam que o YouTube os ajuda a decidir o que comprar. *MarcaMais*, 22 set. 2022. Disponível em: https://marcasmais.com.br/minforma/noticias/comunicacao/brasileiros-afirmam-que-o-youtube-os-ajuda-a-decidir-o-que-comprar/. Acesso em: 29 jun. 2023.

** LISBOA, Alveni. Instagram é a rede social mais usada no Brasil, mas já mostra "cansaço". *Canaltech*. 30 mar. 2023. Disponível em: https://canaltech.com.br/redes-sociais/instagram-e-a-rede-social-mais-usada-no-brasil-mas-ja-mostra-cansaco-244988/. Acesso em: 18 maio 2023.

*** AGRELA, Lucas. Brasil é segundo país que mais usa TikTok no mundo. *Exame*, 28 set. 2021. Disponível em: https://exame.com/tecnologia/brasil-e-segundo-pais-que-mais-usa-tiktok-no-mundo/. Acesso em: 18 maio 2023.

E, apesar de termos muita informação on-line, e isso ser UAU demais, infelizmente também temos muita desinformação, informações falsas e mentirosas.

Não sei se você sabe, mas a empresa de segurança NewsGuard fez um levantamento e constatou que, em quase vinte por cento do tempo, o TikTok recomenda vídeos com desinformação.* Grave, muito grave! E, para isso mudar, precisamos de pessoas como você levando conteúdo de valor para este mundo digital!

Eu tenho plena consciência de que a maioria das pessoas não se sente à vontade em sair por aí gravando vídeos e fazendo lives, mas é preciso. É preciso tanto por você, sua carreira, sua marca, seu posicionamento e crescimento, como pelo outro, por gerar conteúdo de valor para a sociedade.

O que é básico para você pode ser UAU para o outro

Não fomos educados para isso, e há um sistema tradicional que não nos ensinou a nos comunicarmos de forma estratégica, influente e autêntica. Esse sistema diz que é feio uma pessoa ficar falando de suas conquistas, qualidades e aprendizados, que, se você fizer isso, acabará afastando as pessoas e passando a ser visto como arrogante ou prepotente.

O resultado dessa educação são pessoas éticas, com um conhecimento gigantesco e que não sabem expressar essa grandeza para o mundo. Pessoas com dificuldades de se expressar e que não crescem em suas carreiras e negócios como poderiam, que não se destacam e ficam para

---

* PROPMARK. Pesquisa aponta que 20% dos conteúdos do TikTok contêm desinformação. *Propmark*, 19 set. 2022. Disponível em: https://propmark.com.br/pesquisa-aponta-que-20-dos-conteudos-do-tiktok-contem-desinformacao/abr. Acesso em: 18 maio 2023.

trás quando comparadas a pessoas que não têm nem a metade do seu potencial, mas que sabem se comunicar.

Por isso eu lhe pergunto: o que você tem guardado? Quais ideias você tem e que ainda estão guardadas?

Não esconda os seus tesouros do mundo!

— Mas, Gi, eu não gosto de me expor. Eu não quero dar a cara a tapa.

Não precisa se expor, você só expõe o que quiser mostrar. E não se trata de dar a cara a tapa, mas de dar a cara ao sol! Envolve levar sua mensagem, compartilhar o que você sabe e que para você é tão óbvio, mas o óbvio precisa ser dito.

O que é óbvio para você pode ser transformador para o outro

Sim, se trata de dar a cara ao sol! E, quando você faz isso, você brilha e leva as pessoas ao seu redor a também brilharem. Para fazer isso de forma leve, estratégica e natural, você precisa de um passo a passo prático, testado e validado para te ajudar. Então, vamos lá!

Oito passos para gravar vídeos de forma estratégica e espontânea

1. Atribuir um bom significado ao ato de gravar vídeo

Nada é bom ou ruim até você atribuir um significado.

Ao gravar, ouça sua voz UAU e atribua um significado positivo a essa ação. Para mim, Gislene Isquierdo, gravar vídeos e postar na internet significa que estou sendo canal de transformação na vida do outro. E, quanto mais pessoas eu impacto genuína e valorosamente, mais isso retorna para a minha vida.

Qual significado você vai atribuir a partir de hoje ao ato de gravar vídeos e postar no mundo digital?

2. Grave como se estivesse falando com uma única pessoa

Pense em uma única pessoa e fale no singular (analise como eu faço nos meus vídeos).

3. Dê um nome para sua câmera!

Quem será o seu "Wilson"? Eu brinco com Wilson por causa do filme *Náufrago* com o ator Tom Hanks, que interpreta um executivo de uma grande empresa que fica perdido em uma ilha após um acidente de avião. Nesse acidente, ele começa a abrir todas as encomendas que estavam no voo e uma delas é a bola de vôlei da Wilson, com a qual o ator contracena ao longo do filme. Por que ele faz isso? Porque nós, seres humanos, temos a necessidade de nos relacionar.

— Tá, Gi, mas e aí? O que isso tem a ver com gravar vídeos?

Tudo!

Quem será o seu Wilson? Para quem será a sua mensagem? Com quem você quer se comunicar levando a sua mensagem?

Ao gravar, dê um nome para sua câmera e, ao olhar para ela, pense nessa pessoa, nas necessidades dela, nos medos e sonhos que ela tem, nos erros que ela comete... pense só nela e grave!

Lembre-se de que:

Falar em público não tem a ver com você, mas com gerar valor na vida do outro.

4. Posicione a câmera bem na altura do seu olhar

Nada de colocar a câmera acima ou abaixo do seu olhar. Para exemplificar isso, indico que assista a este vídeo (escaneie o QR Code).

5. Saiba qual é o seu PORQUÊ

Responda às perguntas a seguir:

- Qual é o seu porquê? Por que, de verdade, você quer se posicionar no mundo digital?

....
....

- Por que é importante para você se posicionar no mundo digital?

....
....
....

- Qual mensagem você quer deixar?

....
....
....

- Qual legado você quer construir?

....
....
....

- O que você ganha ao se posicionar e levar sua mensagem?

....
....

- O que o outro (quem assistir aos seus vídeos) ganha?

....
....

- Qual é o seu motivo nobre? Qual é a sua causa mais profunda?

....

....

Quando alguém me questiona o porquê de eu fazer o que faço, eu tenho vários motivos.

Eu amo meu trabalho e tenho a graça de viver muito bem dele! O mundo digital potencializa o alcance e os resultados de uma pessoa e uma empresa e, é claro, faz isso com o meu também... mas vai muito além disso.

Tem a ver com transformar vidas, com ajudar as pessoas a se tornarem mais confiantes para alcançar seus objetivos, destravando e desenvolvendo a sua forma de se expressar.

Quando eu sou canal (eu creio que eu seja só um canal) para ajudar uma única pessoa a destravar a sua comunicação, sei que ela será canal e transformará a vida de centenas ou milhares de outras vidas. Afinal, ela será um "roteador" UAU (do bem, ético, verdadeiro) de conhecimento, de valor real e de experiências que agregam para a sociedade. E, quando isso acontece, os sonhos dela são alcançados, ela se destaca e vive a sua melhor versão, ela brilha e ilumina!

De repente, você pode pensar que sou romântica demais, mas não sou. Sou realista e determinada.

É claro que, quando uma pessoa se posiciona no mundo digital, ela passa, por exemplo, a ganhar mais dinheiro (muitas vezes, muito mais dinheiro), mas vai além do dinheiro. Quero ver você ganhando muito mais e impactando muitas vidas. Muitas mesmo.

6. Foque e use suas forças

Você tem várias virtudes, forças e qualidades. Na hora de gravar, mantenha seu foco nelas. Seja autêntico, verdadeiro! Mostre quem você é, no que acredita, o que defende...

Eu me lembro de um reels que gravei para o Instagram, contando como superar a vergonha de gravar, inclusive conto como superei a minha vergonha e timidez (escaneie o QR Code para assistir). Nele, eu canto e trago bom humor para a comunicação. Mostre quem você é!

Após gravar cada vídeo, responda a duas perguntas...

7. Responda

— O que ficou bom para manter?

— Como posso melhorar ainda mais?

Assim, você entrará num processo de melhoria contínua. E, caso queira ajuda, busque fazer algum curso em que tenha a possibilidade de receber feedback de pessoas com mais experiência que você.

8. Gravou? Repita!

Lembre-se sempre de que o cérebro aprende por...

Isso mesmo, repetição! Também já repeti isso tantas vezes aqui neste livro que você já decorou, na verdade você já "aprendeu", já está em você, e isso é UAU demais!

Confie em si e se jogue nesse mundo digital

Dê a cara ao sol! Dê ao público o que você tem de melhor!

Como eu já tenho a plena certeza de que você é uma pessoa de ação, uma pessoa que faz acontecer, senão não estaria lendo este capítulo, não teria chegado até aqui... Como eu sei que você é uma pessoa que busca ir além, que busca se desenvolver e que, mais ainda, acredita no desenvolvimento e aprimoramento, quero encerrar este capítulo com um convite em formato de desafio.

Pegue seu celular e olhe bem no "olho da câmera", pense em uma única pessoa (pode ser em mim, se for te ajudar) e grave um vídeo. Nele, você vai responder a uma única pergunta:

"O que representa na sua vida a importância de buscar se desenvolver?"

Você olhará no "olho da câmera" e dirá algo como:

"Estava lendo um livro e resolvi gravar um vídeo sobre (ou, se preferir, a autora do livro me convidou a gravar um vídeo sobre) o que a importância de buscar me desenvolver representa na minha vida...".

E então fale... fale de coração, fale com a sua alma, fale com a sua verdade, exalando pelo tom da sua voz, pelos poros do seu corpo...

Se quiser, poste no Instagram e marque o meu perfil @gisleneisquierdo. Pode ter certeza de que eu ficarei honrada e muito feliz!

Agora é com você! O método que aprendeu ao longo deste livro serve cem por cento para gravar vídeos, fazer lives, dar aulas on-line... Então, bora gravar!

Quais foram seus três principais aprendizados até aqui?

....

....

....

....

E o convido a compartilhar comigo quais foram seus aprendizados! Isso é muito importante, porque assim eu saberei não só o seu feedback, mas também que esta leitura está gerando um valor verdadeiro na sua vida!

leitor_ 1 min
MundoDigital#valor
♡ 7
Responder

CONCLUSÃO

Quanto mais você treinar, mais liberdade você terá

> Tempo não é dinheiro. Dinheiro a gente perde, trabalha e ganha mais. Tempo é vida. Eu honro seu tempo. Honre o tempo do outro, honre o tempo do seu público. Falar em público não é sobre você, é sobre gerar valor na vida do outro.
> — *Gislene Isquierdo*

Quanto mais você treinar, mais liberdade terá para improvisar, para falar de última hora, para fugir do roteiro, para ser você! Após ter acesso a todo o método que utilizo e com o qual já treinei mais de vinte e três mil pessoas, você está mais que preparado para entrar em ação!

Ter informação é importante, ter "A" informação certa é determinante, transformar informAção em Ação é a chave para subir o nível do seu jogo, dos seus resultados. Como eu escrevi na abertura da Parte IV:

> Para você se destacar, para você ser referência e ser convidado/contratado várias e várias vezes... Para você ser desejado e lembrado... Para você ganhar muito dinheiro e impactar de verdade...

Chegou o momento de você tomar "A" DeCisão de transformar toda essa informAção em Ação e caminhar rumo aos RESULTADOS que você deseja e merece!

Ao longo de cada palavra, técnica, explicação, exemplo e história, eu busquei honrar o seu tempo, honrar a sua vida. Houve momentos em que duvidei de mim, do meu potencial, momentos da minha vida em que eu não me achava boa o suficiente, que a minha voz de pernilongo gritava comigo; mas, da mesma forma que eu aprendi a ouvir a minha voz UAU, a minha águia, você também pode!

Lembre-se de que:

Um pensamento gera um sentimento, que gera um comportamento, que conduz ao resultado.

Quais pensamentos você terá a partir de hoje?

Ao longo de cada capítulo, você aprendeu diversas técnicas, desde aquelas para controlar as emoções, gerar o estado de *flow*, fazer uma introdução UAU e conquistar o público logo de cara até as para organizar e orquestrar as suas ideias e fazer uma conclusão UAU que encante e deixe um gosto de quero mais!

Você viu (praticamente ouviu) e sentiu na pele que toda pessoa pode ter um Efeito UAU falando em público e que ser UAU não tem nada a ver com ser perfeito; mas que tem tudo a ver com gerar valor na vida do outro e, pra isso, é fundamental conhecer quem é o outro, conhecer o público para poder gerar pertencimento, engajamento e comprometimento. E, nossa, você teve acesso a muitas técnicas para fazer isso, desde dinâmicas e vivências a técnicas de persuasão!

Sabe, se você voltasse no tempo e encontrasse aquela menina que subiu ao palco na quinta série para fazer uma apresentação da aula de educação artística (história contada na "carta ao leitor" deste livro) e lhe dissesse que ela escreveu um livro que você leu, ela diria: "Para de mentir. Isso é impossível".

Eu não sei o que você tem dito a si mesmo que é impossível... mas, muito provavelmente, não é a verdade.

Subir naquele palco foi um divisor de águas na minha vida, fazer psicologia foi um divisor de águas na minha vida, pregar pela primeira vez na igreja foi um divisor de águas na minha vida, abrir minha empresa foi um divisor de águas na minha vida, decidir ir para o on-line foi um divisor de águas na minha vida... Não parar diante das críticas foi e continua sendo um divisor de águas na minha vida.

Sua vida teve e continuará tendo vários divisores de água. Desejo com todo o meu amor e a minha verdade que este esteja sendo um.

> Somos uma peça na engrenagem do outro. Nós sempre somos aprendizado na vida do outro, assim como o outro é para nós, e os principais elementos para essa engrenagem funcionar são o amor e a verdade. Onde não há amor e verdade, não é o meu lugar.

Um forte abraço,

Gislene Izquierdo

MÚSICAS CITADAS NESTA OBRA

Dancing Queen. Interpretada por ABBA. Composta por Benny Andersson, Björn Ulvaeus, Stig Anderson. Produzida por Björn Ulvaeus, Benny Andersson. Fonte: Polar Music International AB.

Modinha para Gabriela. Interpretada por Gal Costa. Composta por Dorival Caymmi, Jorge Amado. Produzida por Perinho Albuquerque. Fonte: Universal Music Ltda.

Cheguei. Interpretada por Ludmilla. Composta por André Vieira, Wallace Vianna. Produzida por Mãozinha, Umberto Tavares. Fonte: WM Brazil.

Can't Hold Us. Interpretada por Macklemore, Ryan Lewis, Ray Dalton. Composta por Ben Haggerty, Ryan S Lewis. Fonte: Macklemore.

Theme from New York, New York. Interpretada por Frank Sinatra. Composta por Fred Ebb, John Kander. Produzida por Charles Pignone. Fonte: Frank Sinatra Hybrid.

Tropa de Elite. Interpretada por Tihuana. Composta por Baia, Egypcio, Jonny, Leo, PG, Roman. Fonte: Virgin Brazil.

Diante do Rei. Interpretada por Vida Reluz. Composta por Walmir Alencar. Fonte: Paulinas-Comep.

Life Goes On. Interpretada por Geoff Zanelli. Produzida por Geoff Zanelli. Fonte: Walt Disney Records.

Now We Are Free. Interpretada por Gavin Greenaway, Lisa Gerrard, The Lyndhurst Orchestra. Composta por Hans Zimmer, Klaus Badelt, Lisa Gerrard. Produzida por Hans Zimmer, Klaus Badelt, Pietro Scalia, Ridley Scott. Fonte: Decca US (Classics).

SAIBA MAIS SOBRE A AUTORA

Editora Planeta Brasil | 20 ANOS

Acreditamos nos livros

Este livro foi composto em Constantia e impresso pela Gráfica Santa Marta para a Editora Planeta do Brasil em julho de 2023.